한국어 회화

韓 語 會 話

한국어 회화

한국어 광동어 보통화

韓語會話

韓語 • 廣東話 • 普通話

桑戴維 • 金元慶

香 港 城 市 大 學 出 版 社
City University of Hong Kong Press

2009 年第二次印刷
2011 年第三次印刷

國際統一書號：978-962-937-138-8

出版
香港城市大學出版社
香港九龍達之路
香港城市大學
網址：www.cityu.edu.hk/upress
電郵：upress@cityu.edu.hk

錄音：金元慶、張欣、許楚冰

Conversation Guide
Korean • Cantonese • Mandarin
(in traditional Chinese characters)

First published 2008
Second printing 2009
Third printing 2011

ISBN: 978-962-937-138-8

Published by
City University of Hong Kong Press
Tat Chee Avenue
Kowloon, Hong Kong
Website: www.cityu.edu.hk/upress
E-mail: upress@cityu.edu.hk

Printed in Hong Kong

目 錄

머리말

<한국어 회화>는 한국말을 모르는 중어권의 독자가 한국을 여행하거나 혹은 한국에서 생활 할 때 필요한 말들을 모아 놓은 책이다. 이 책은 광동어나 보통화를 사용하는 중어권 독자를 대상으로 쓴 책이기는 하지만 한국어, 광동어, 보통화 세 가지 언어를 대조 소개하고 있어 한국인도 중국 내륙이나 홍콩 지역을 여행할 때 유용하게 참고할 수 있다.

저자는 얼마 전 홍콩 라디오 방송국에서 한국어 프로그램을 2년 동안 진행하면서 광동어권 청취자들이 쉽게 배울 수 있는 한국어 교재가 좀 더 많으면 좋겠다는 생각이 들었고 그래서 보다 실용적인 한국어 책을 쓰고 싶다는 생각을 했다.

존대법을 사용하여 말을 할 수 있다면 더욱 좋겠지만 이 책은 가능하면 간단하고 발음하기 쉬운 말들을 선택해서 독자의 편리를 도모했다. 그리고 여행지에서 필요한 말들을 상황 별로 나누어 자세히 수록하고 있어서 한국 여행을 할 때 필요한 말들은 이 책 한 권으로 어느 정도 해결을 할 수 있을 것으로 생각한다.

추천의 말씀을 써 주신 주홍콩 대한민국 총영사관 조원형 영사님, 홍콩한인회 강봉환 회장님 그리고 머리말 중문 번역에 도움을 주신 신문봉 씨, 책이 나오는데 많은 도움을 주신 홍콩시티대학교 출판사 챈가영 편집장과 챈윙와이 씨에게 감사를 드립니다.

김원경

2008 년 5 월 9 일

序 言

《韓語會話》為不會説韓語的華人讀者收錄了到韓國旅遊或者在韓國生活時會使用到的日常用語。雖然這本書是為使用粵語或普通話的華人讀者編寫的，但是此書以韓文、粵語以及普通話三種語言相對照，也便於韓國人到中國內地或香港旅遊時參考。

不久前我在香港電台主持了為期兩年的韓國語廣播節目，當時有感目前市面上有關學習韓國語的書籍還不夠多，因而想為以粵語或普通話為母語的華人寫一本更為實用的韓國語書籍。

雖然能夠學會使用韓語中的敬語會更完美，但是此書為方便讀者學習，選擇了發音簡單易學的語句。此書還根據不同的旅遊情景，收錄了各種旅遊常用語。如果到韓國旅遊，手中這本書應可以基本解決語言障礙的問題。

在此感謝為本書題寫推介的駐香港大韓民國領事館領事趙源亨先生、香港韓人會康鳳桓會長，以及協助我寫中文序言的申文峰小姐，為出版本書提供協助的香港城市大學出版社總編輯陳家揚先生及編輯陳明慧小姐。

金元慶

2008年5月9日

한글 韓國文字

韓語是韓國人使用的語言和文字，包括首爾地區使用的標準話在內，韓語有好幾種不同的方言，但除了濟州島地區使用的方言外，各地的方言都相似，彼此能夠互相溝通。

據語言學和人口學的研究指出，韓語屬中亞的烏拉爾—阿勒泰語系；同屬這一語系的還有匈牙利語、土耳其語、蒙古語和芬蘭語。

15世紀，朝鮮王朝的世宗大王參考了當時已知的幾種書寫文字，如中國古篆、維吾爾和蒙古文字，創造了韓語字母，原名「訓民正音」。世宗大王和學者所創造的書寫體系主要基於對音韻學的研究，他們沒有採用中國音韻學中的兩分法，而是發明了三分法理論，將音節分成首音、中音和尾音。

發音表

韓語字母以21個母音 (10個單母音及11個雙母音) 和19個子音 (14個單子音及5個雙子音)，共40個字音構成。一個或兩個子音和一個母音組合成為一個字。所有的字音都有自己的發音。

母音

ㅏ	ㅓ	ㅗ	ㅜ	ㅡ	ㅣ	ㅐ	ㅔ	ㅚ	ㅟ
a	eo	o	u	eu	i	ae	e	oe	wi
ㅑ	ㅕ	ㅛ	ㅠ	ㅒ	ㅖ	ㅘ	ㅙ	ㅝ	ㅞ
ya	yeo	yo	yu	yae	ye	wa	wae	wo	We
ㅢ									
ui									

子音

ㄱ	ㄴ	ㄷ	ㄹ	ㅁ	ㅂ	ㅅ	ㅇ	ㅈ	
g , k	n	d , t	r , l	m	b , p	s	ø / ng	j	
ㅊ	ㅋ	ㅌ	ㅍ	ㅎ	ㄲ	ㄸ	ㅃ	ㅆ	ㅉ
ch	k	t	p	h	kk	tt	pp	ss	jj

韓語子音母音表

單母音 / 子音	ㅏ a	ㅑ ya	ㅓ eo	ㅕ yeo	ㅗ o	ㅛ yo	ㅜ u	ㅠ yu	ㅡ eu	ㅣ i
ㄱ k,g	가	갸	거	겨	고	교	구	규	그	기
ㄴ n	나	냐	너	녀	노	뇨	누	뉴	느	니
ㄷ d	다	댜	더	뎌	도	됴	두	듀	드	디
ㄹ r, l	라	랴	러	려	로	료	루	류	르	리
ㅁ m	마	먀	머	며	모	묘	무	뮤	므	미
ㅂ p, b	바	뱌	버	벼	보	뵤	부	뷰	브	비
ㅅ s	사	샤	서	셔	소	쇼	수	슈	스	시
ㅇ Ø	아	야	어	여	오	요	우	유	으	이
ㅈ j	자	쟈	저	져	조	죠	주	쥬	즈	지
ㅊ ch	차	챠	처	쳐	초	쵸	추	츄	츠	치
ㅋ k	카	캬	커	켜	코	쿄	쿠	큐	크	키
ㅌ t	타	탸	터	텨	토	툐	투	튜	트	티
ㅍ p	파	퍄	퍼	펴	포	표	푸	퓨	프	피
ㅎ h	하	햐	허	혀	호	효	후	휴	흐	히
ㄲ kk	까	꺄	꺼	껴	꼬	꾜	꾸	뀨	끄	끼
ㄸ tt	따	땨	떠	뗘	또	뚀	뚜	뜌	뜨	띠
ㅃ pp	빠	뺘	뻐	뼈	뽀	뾰	뿌	쀼	쁘	삐
ㅆ ss	싸	쌰	써	쎠	쏘	쑈	쑤	쓔	쓰	씨
ㅉ jj	짜	쨔	쩌	쪄	쪼	쬬	쭈	쮸	쯔	찌

韓國簡介

地理

韓國或南韓（大韓民國）位於朝鮮半島南部，北面隔着三八線非軍事區，與北韓（朝鮮民主主義人民共和國）相鄰。朝鮮半島地處亞洲東北部，半島南北長約1,100公里，北部與中國和俄羅斯接壤，東部瀕臨東海，與鄰國日本隔海相望。

朝鮮半島總面積為22萬平方公里，南、北韓分別佔地99,392及122,762平方公里。半島約70%屬山區，西部及南部有遼闊的平原。最高的山峰是位於北韓與中國接壤的白頭山（長白山），海拔2,744米。白頭山是韓國民族精神中特別重要的象徵，故被寫入韓國國歌之中。

韓國的河川寬廣，流速緩慢，鴨綠江（790公里）和豆滿江（521公里）是北韓境內兩條最長的河流；南韓境內最重要的河流則有漢江（494公里）及洛東江（525公里），前者流經南韓首都首爾。

20世紀60和70年代，韓國工業及城市迅速發展，農村居民大量湧入城市，尤其是首爾，而今日的首爾亦已成為人口稠密的大都會。

韓國屬溫帶的東亞季風氣候，6月至9月為雨季。夏季8月天氣炎熱，氣溫約為攝氏25度；冬季平均氣溫則在0度以下。

民族與人口

韓國是使用同一種語言的單一民族國家。公元7世紀，新羅王國（公元前57–公元935）首次將朝鮮半島上的各個國家統一起來。由於是同一民族，所以韓國人不存在民族種族問題。

截至2007年底，南韓的人口約為48,294,000人，北韓的人口估計為22,928,040人。

한국어 회화

韓語會話

1 일상회화 日常用語

한국어	廣東話	普通話
안녕하세요 annyeonghaseyo	你 好	你 好 nǐ hǎo
좋은 아침이에요 / joeun achimieyo 안녕하세요 annyeonghaseyo	早 晨 / 你 好	早 安 zǎo ān
요즘 어떠세요 ? yojeum eotteoseyo	點 呀 / 近 排 點 呀 ?	你 近 來 怎 麼 樣 ? nǐ jìn lái zěn me yàng
잘 지내요. 감사합니다 jal jinaeyo gamsahamnida	好，多 謝	好 的， 謝 謝 hǎo de xiè xie
별일 없으셨습니까 ? (禮 貌 說 法) byeoril eopseusyeotseumnikka	你 呢 ?	您 呢 ? (禮 貌 說 法) nín ne
잘 지내지요 ? jal jinaejiyo	你 呢 ?	你 呢 ? nǐ ne
감사합니다 gamsahamnida	好 多 謝 你 / 唔 該 晒	謝 謝 你 xiè xie nǐ
실례합니다 / 미안합니다 sillyehamnida mianhamnida	唔 好 意 思	不 好 意 思 bù hǎo yì si
사랑해요 saranghaeyo	我 愛 你	我 愛 你 wǒ ài nǐ
저는 ... 고 싶어요 jeoneun go sipeoyo	我 想 ...	我 想 ... wǒ xiǎng

한국어	廣東話	普通話
우리는 ... 고 싶어요 urineun go sipeoyo	我哋想...	我 們 想 ... wǒ men xiǎng
뭐 원하세요？ mwo wonhaseyo	你想要咩呀？	你 想 要 甚 麼？ nǐ xiǎng yào shén me
... 좀 보여 주세요 jom boyeo juseyo	畀我睇...	給 我 看 看 ... gěi wǒ kàn kan
... 찾는데요 channeundeyo	我搵緊...	我 找 ... wǒ zhǎo
길을 잃어 버렸어요 gireul ireo beoryeosseoyo	我蕩失路呀	我 迷 路 了 wǒ mí lù le
이따 만나요 itta mannayo	遲啲見	一 會 兒 見 yī huìr jiàn
네 ne	係	是 的 shì de
아니요 aniyo	唔係	不 是 bù shì
좋아요 joayo	好	好 hǎo
참 좋아요 cham joayo	非常好	很 好 hěn hǎo
대단히 좋아요 daedanhi joayo	超好	十 分 好 shí fēn hǎo

한국어	廣東話	普通話
어디요？ eodiyo	邊 度？	哪 裏？ nǎ lǐ
어디에 있어요？ eodie isseoyo	… 喺 邊？	… 在 哪 兒？ zài nǎr
언제요？ eonjeyo	幾 時？	甚 麼 時 候？ shén me shí hòu
어때요？ eottaeyo	點 樣？	怎 麼 樣？ zěn me yàng
몇 개예요？(物件) myeot gaeyeyo 얼마예요？(價錢) eolmayeyo	幾 多 …？	多 少？ duō shǎo
누구세요？ nuguseyo	邊 個？	誰？ shuí
뭐예요？ mwoyeyo	乜 嘢？	甚 麼？ shén me
왜요？ waeyo	點 解？	為 甚 麼？ wèi shén me
어느 거요？ eoneu geoyo	邊 樣？	哪 一 樣？ nǎ yī yàng
이거 한국어로 어떻게 말해요 igeo han-gugeoro eotteoke malhaeyo	呢 啲 韓 文 點 講？	這 個 韓 文 怎 麼 說？ zhè ge hán wén zěn me shuō

한국어	廣東話	普通話
... 말할 줄 알아요 ? malhal jul arayo	你識唔識講 ...?	你 會 不 會 說 ...? nǐ huì bù huì shuō
— 프랑스어 peurangseu-eo	— 法文	— 法 文 fǎ wén
— 영어 yeong-eo	— 英文	— 英 文 yīng wén
— 광동어 gwangdong-eo	— 廣東話	— 廣 東 話 guǎng dōng huà
— 만다린 / 중국어 mandarin jung-gugeo	— 普通話 / 國語	— 普 通 話 / 國 語 pǔ tōng huà guó yǔ
— 한국어 han-gugeo	— 韓國語	— 韓 國 語 hán guó yǔ
한국어 말할 줄 몰라요 han-gugeo malhal jul mollayo	我唔識講韓文	我 不 會 說 韓 文 wǒ bù huì shuō hán wén
좀 천천히 말씀해 jom cheoncheonhi malsseumhae 주시겠어요 ? jusigesseoyo	你可唔可以講慢啲？	你 能 不 能 說 慢 一 點？ nǐ néng bù néng shuō màn yī diǎnr
한번 더 말해 줄래요 ? hanbeon deo malhae jullaeyo	你可唔可以講多次？	你 可 不 可 以 再 說 nǐ kě bù kě yǐ zài shuō 一 遍？ yī biàn
한번 더 말씀해 hanbeon deo malsseumhae 주시겠어요 ? (禮貌說法) jusigesseoyo	請問你可唔可以講多次？	您 可 不 可 以 再 說 nín kě bù kě yǐ zài shuō 一 遍？(禮貌說法) yī biàn
잠깐만요 jamkkanmanyo	等一陣，唔該	對 不 起 ， 請 等 一 會 duì bù qǐ qǐng děng yī huìr
잘 모르겠어요 jal moreugesseoyo	我唔明呀！	我 不 明 白！ wǒ bù míng bai

한국어	廣東話	普通話
알겠어요？ algesseoyo	你明唔明呀？	你 明 不 明 白？ nǐ míng bù míng bai
이러면 안돼요 ireomyeon andwaeyo	咁樣唔得架！	這 可 不 行！ zhè kě bù xíng
저에게 말해 줄 수 있어요？ jeo-ege malhae jul su isseoyo	你可唔可以話我聽？	你 可 不 可 以 跟 我 說？ nǐ kě bù kě yǐ gēn wǒ shuō
좀 도와 줄 수 있어요？ jom dowa jul su isseoyo	你可唔可以幫我？	你 能 不 能 幫 我 一 下？ nǐ néng bù néng bāng wǒ yī xià
뭐 도와 드릴까요？ mwo dowa deurilkkayo	我可唔可以幫到你？	我 有 甚 麼 可 以 效 勞？ wǒ yǒu shén me kě yǐ xiào láo

2 공항 機場

CH02_01

한국어	廣東話	普通話
이민국이 어디에 있어요? imin-gugi eodie isseoyo	入境處喺邊度?	入境處在哪裏? rù jìng chù zài nǎ lǐ
당신의 여권은 어디에 있어요? dangsinui yeogwoneun eodie isseoyo	你本護照喺邊呀?	你的護照在哪裏? nǐ de hù zhào zài nǎ lǐ
여기요 yeogiyo	喺呢度	在這裏 zài zhè lǐ
입국 카드 어디에 있어요? ipguk card eodie isseoyo	你張入境證喺邊呀?	你的入境證在哪裏? nǐ de rù jìng zhèng zài nǎ lǐ
... 에 며칠 머무를 거예요? e myeochil meomureul geoyeyo	你想喺...留幾耐?	你想在...逗留多久? nǐ xiǎng zài dòu liú duō jiǔ
– 홍콩 hong kong	– 香港	– 香港 xiāng gǎng
– 한국 hanguk	– 韓國	– 韓國 hán guó
두 주일이요 du ju-iriyo	只係兩個禮拜	就兩個星期 jiù liǎng ge xīng qī
삼 일이요 sam iriyo	只係三日	就三天 jiù sān tiān
한 달이요 han dariyo	一個月	一個月 yī ge yuè

한국어	廣東話	普通話
여행 목적이 무엇입니까? yeohaeng mokjeogi mueosimnikka	你今次旅行有咩目的?	你 這 次 旅 遊 的 目 的 是 甚 麼? nǐ zhè cì lǚ yóu de mù di shì shén me
관광이에요 / 출장이에요 gwan-gwang-ieyo chuljang-ieyo	旅遊 / 公幹	旅 遊 / 公 幹 lǚ yóu gōng gàn
... 만나러 왔어요 mannareo wasseoyo – 친척 / 친구 chincheok chin-gu – 거래처 georaecheo	我嚟探 / 搵... – 親戚 / 一個朋友 – 一個生意拍擋	我 是 來 探 望 / 找... wǒ shì lái tàn wàng zhǎo – 親 戚 / 一 個 朋 友 qīng qī yī ge péng yǒu – 一 個 生 意 夥 伴 yī ge shēng yì huǒ bàn
친척이 ... 에 있어요? chincheogi e isseoyo – 여기 yeogi – 한국 han-guk	你親戚喺...? – 喺呢度 – 喺韓國	你 的 親 戚 在...? nǐ de qīng qī zài – 在 這 裏 zài zhè lǐ – 在 韓 國 zài hán guó
네 / 아니요 ne aniyo	係 / 唔係	是 / 不 是 shì bù shì
짐 行李		CH02_02
출구가 어디에요? chulguga eodiyeyo	出口喺邊度?	出 口 在 哪 兒? chū kǒu zài nǎr
곧장 가세요 gotjang gaseyo	直行	直 走 zhí zǒu

한국어	廣東話	普通話
어디에서 짐을 찾아요? eodieseo jimeul chajayo	我可以喺邊度攞番件行李?	我 可 以 在 哪 裏 拿 wǒ kě yǐ zài nǎ lǐ ná 回 我 的 行 李? huí wǒ de xíng li
저기 오른쪽으로 / 왼쪽으로 jeogi oreunjjogeuro oenjjogeuro 가세요 gaseyo	嗰邊轉右/左	往 那 邊 右/左 轉 wǎng nà biān yòu zuǒ zhuǎn
어느 항공사 비행기 타고 eoneu hanggongsa bihaenggi tago 왔어요? wasseoyo	你坐邊間航空公司架?	你 乘 坐 哪 一 間 航 nǐ chéng zuò nǎ yī jiān háng 空 公 司 的 班 機? kōng gōng sī de bān jī
타고 온 항공편 번호가 tago-on hanggongpyeon beonhoga 뭐예요? mwoyeyo	你班機幾多號?	你 乘 坐 的 是 幾 號 班 nǐ chéng zuò de shì jǐ hào bān 機? jī
여기서 짐을 찾으세요 yeogiseo jimeul chajeuseyo	你可以喺呢度攞番件行李	你 可 以 在 這 兒 領 nǐ kě yǐ zài zhèr lǐng 回 你 的 行 李 huí nǐ de xíng li
짐수레 어디에 있어요? jimsure eodie isseoyo	可以喺邊度攞行李車?	在 哪 裏 可 以 找 到 zài nǎ lǐ kě yi zhǎo dào 行 李 車? xíng li chē
저기요 jeogiyo	嗰邊	那 邊 nà biān

機場資訊

인천국제공항 **仁川國際機場**

仁川國際機場在 2001 年 3 月 29 日啓用，是韓國最大的國際機場，啟用後短時間便獲國際認可，2006 年獲得 IATA 的「服務領域世界第二」殊榮，2007 年被美國旅行雜誌 *Global Traveler* 選為「世界最優秀機場」等。仁川國際機場主要分為主樓和候機長廊，備有 44 個登機門和 16 個停機坪。

網址：www.airport.or.kr/eng/airport

공항버스 **機場巴士**

機場巴士有高級和一般巴士兩種，車費 8,000–13,000 韓圜。

항공회사 **航空公司**

大韓航空公司	網址：www.koreanair.com
韓亞航空	網址：http://flyasiana.com/index.htm

3 호텔 酒店

CH03_01

한국어	廣東話	普通話
제 이름은 ... 이에요 je ireumeun ieyo	我叫...	我 的 名 字 是 ... wǒ de míng zì shì
방을 예약했어요 bang-eul yeyakaesseoyo	我訂咗間房	我 預 訂 了 一 間 房 wǒ yù dìng le yī jiān fáng
방 두 개 예약했어요 bang du gae yeyakaesseoyo	我哋訂咗兩間房	我 們 訂 了 兩 間 房 wǒ men dìng le liǎng jiān fáng
싱글룸 하나, 더블룸 하나요 single room hana double room hanayo	一間單人房，一間雙人房	一 間 單 人 房 ， 一 間 雙 人 房 yī jiān dān rén fáng yī jiān shuāng rén fáng
제가 전에 이메일을 보냈어요 jega jeone e-mail eul bonaesseoyo	我寄咗封電郵畀你哋	我 已 給 你 們 發 了 一 封 電 郵 wǒ yǐ géi nǐ men fā le yī fēng diàn yóu
이건 확인서예요 igeon hwaginseoyeyo	呢封係確認信	這 是 確 認 信 zhè shì què rèn xìn
... 하나 필요해요 hana piryohaeyo	我想要一間...	我 想 要 一 間 ... wǒ xiǎng yào yī jiān
– 싱글 룸 single room	– 單人房	– 單 人 房 dān rén fáng
– 더블 룸 double room	– 雙人房	– 雙 人 房 shuāng rén fáng
– 욕실이 딸린 yoksiri ttallin	– 連埋浴室	– 有 浴 室 yǒu yù shì
– 이인용 침대가 있는 iinyong chimdaega itneun	– 連埋雙人床	– 有 雙 人 床 yǒu shuāng rén chuáng
– 베란다가 딸린 berandaga ttallin	– 連埋露台	– 有 露 台 yǒu lù tái

한국어	廣東話	普通話
... 전망 jeonmang	向 ...	面對 ... miàn duì
— 거리 geori	— 街	— 街 jiē
— 바다 bada	— 海	— 海 hǎi
— 정원 jeong-won	— 庭院嗰邊	— 在院子那邊 zài yuàn zi nà biān
조용한 방을 원해요 joyong-han bang-eul wonhaeyo	我想要間靜啲嘅房	我想要一間比較靜的房間 wǒ xiǎng yào yī jiān bǐ jiào jìng de fáng jiān
이 방에 ... 있어요 ? i bang-e isseoyo	間房有無 ... ?	這房間有沒有 ... ? zhè fáng jiān yǒu méi yǒu
— 에어콘 eeokon	— 冷氣	— 空調設備 kōng tiáo shè bèi
— 텔레비전 television	— 電視	— 電視機 diàn shì jī
— 냉장고 naengjang-go	— 雪櫃	— 電冰箱 diàn bīng xiāng
— 청소 서비스 cheong-so service	— 清潔服務	— 清潔服務 qīng jié fú wù
— 더운물 deounmul	— 熱水	— 熱水 rè shuǐ
— 샤워기 / 욕조 syawogi yokjo	— 花灑 / 浴缸	— 淋浴器 / 浴缸 lín yù qì yù gāng
이방 ... 얼마예요 ? i bang eolmayeyo	間房 ... 要幾錢 ?	這房間 ... 要多少錢 ? zhè fáng jiān yào duō shǎo qián
— 일 주일 묵는데 il juil mungneunde	— 住一個禮拜	— 住一個星期 zhù yī gè xīng qī
— 하룻밤 묵는데 harutbam mungneunde	— 住一晚	— 住一晚 zhù yī wǎn

한국어	廣東話	普通話
아침 식사 포함돼요? achim siksa pohamdwaeyo	包唔包早餐？	是 否 包 括 早 餐？ shì fǒu bāo kuò zǎo cān
세금 포함된 가격이에요？ segeum pohamdoen ga-gyeo-gieyo	個總數包唔包埋稅？	總 數 是 不 是 包 括 稅 款？ zǒng shù shì bù shì bāo kuō shuì kuǎn
어린이 / 학생 할인 돼요？ eorini haksaeng harindwaeyo	細路仔 / 學生有無折扣？	兒 童 / 學 生 是 否 有 折 扣 ？ ér tóng xué shēng shì fǒu yǒu zhé kòu
비싸요！ bissayo	貴咗啲！	有 點 貴！ yǒu diǎn guì
좀 싼 방 있어요？ jom ssan bang isseoyo	有無其他平啲架？	有 沒 有 其 他 比 較 便 宜 點 的？ yǒu méi yǒu qí tā bǐ jiào pián yí diǎnr de
우리는 ... 묵을 거예요 urineun mugeul geoyeyo	我哋住 ...	我 們 住 ... wǒ men zhù
– 하루 haru	– 一晚	– 一 個 晚 上 yī gè wǎn shàng
– 며칠 myeochil	– 幾晚	– 幾 天 jǐ tiān
– 일주일 iljuil	– 一個禮拜	– 一 個 星 期 yī gè xīng qī
며칠 묵을지 잘 몰라요 myeochil mugeulji jal mollayo	我都唔肯定住幾耐架	我 也 不 肯 定 會 住 多 久 wǒ yě bù kěn dìng huì zhù duō jiǔ

한국어	廣東話	普通話
방 좀 볼 수 있어요? bang jom bol su isseoyo	我可唔可以睇吓間房?	我 可 不 可 以 看 看 那 房 間? wǒ kě bù kě yǐ kàn kan nà fáng jiān
곤란한 상황 問題		CH03_02
방이 별로예요 bang-i byeolloyeyo	間房我唔係幾滿意	我 不 是 很 滿 意 這 個 房 間 wǒ bù shì hěn mǎn yì zhè gè fáng jiān
죄송합니다, 빈 방이 없는데요 joesonghamnida bin bang-i eomneundeyo	唔好意思，酒店已經客滿	對 不 起 ， 酒 店 已 經 客 滿 了 duì bù qǐ jiǔ diàn yǐ jīng kè mǎn le
이 방 ... i bang	間房...	這 個 房 間 ... zhè gè fáng jiān
– 너무 추워요 / 너무 더워요 neomu chuwoyo neomu deowoyo	– 太凍 / 太熱	– 太 冷 / 太 熱 tài lěng tài rè
– 너무 커요 / 너무 작아요 neomu keoyo neomu jagayo	– 太大 / 太細	– 太 大 / 太 小 tài dà tài xiǎo
– 너무 어두워요 / 너무 밝아요 neomu eoduwoyo neomu balgayo	– 太暗 / 太光	– 太 暗 / 太 亮 tài àn tài liàng
– 너무 시끄러워요 neomu si-kkeureowoyo	– 太嘈	– 太 吵 tài chǎo
샤워기가 있는 / 욕조가 있는 방이 좋아요 syawogiga itneun yokjoga itneun bang-i joayo	我想要間有花灑 / 浴缸嘅房	我 想 要 一 間 有 淋 浴 器 / 浴 缸 的 房 間 wǒ xiǎng yào yī jiān yǒu lín yù qì yù gāng de fáng jiān

한국어	廣東話	普通話
... 방 있어요? bang isseoyo	你地有無...嘅房?	你們有沒有...的房間? nǐ men yǒu méi yǒu de fáng jiān
―좋은 jo-eun	―好啲	―好一點 hǎo yī diǎnr
―큰 keun	―大啲	―大一點 dà yī diǎnr
―싼 ssan	―平啲	―便宜點 pián yi diǎnr
―조용한 joyong-han	―靜啲	―靜一點 jìng yī diǎnr
이방 좋아요, 이방으로 하겠어요 ibang joayo ibang-euro hagesseoyo	呢間房好,就要呢間	這個房間好,我就要這一間 zhè gè fáng jiān hǎo wǒ jiù yào zhè yī jiān
수속 辦理手續		CH03_03
죄송합니다, 여권 좀 보여 주시겠어요? joesonghamnida yeo-gwon jom bo yeo jusigesseoyo	唔該,我可唔可以睇下你個護照?	對不起,我可不可以看看你的護照? duì bù qǐ wǒ kě bù kě yǐ kàn kan nǐ de hù zhào
이 양식 좀 써 주세요 i yangsik jom sseo juseyo	填咗張表先	先填寫這份表格 xiān tián xiě zhè fèn biǎo gé
여기 서명해 주세요 yeogi seomyeonghae juseyo	喺呢度簽名,唔該	請在這裏簽名 qǐng zài zhè lǐ qiān míng
제 방이 몇 호예요? je bang-i myeo toyeyo	我間房幾多號?	我的房間是幾號? wǒ de fáng jiān shì jǐ hào

한국어	廣東話	普通話
짐 좀 방으로 옮겨 jim jom bang-euro omgyeo 주시겠어요? jusigesseoyo	你可唔可以幫我搬啲行李上房?	你 可 不 可 以 幫 我 nǐ kě bù kě yǐ bāng wǒ 把 這 些 行 李 拿 到 bǎ zhè xiē xíng lǐ ná dào 我 的 房 間? wǒ de fáng jiān
안내 전화는 몇 annae jeonhwaneun myeot 번이에요? beonieyo	接待處電話幾多號?	接 待 處 的 電 話 號 jiē dài chù de diàn huà hào 碼 是 多 少? mǎ shì duō shǎo
숙박 기간 入住期間		CH03_04
룸메이드를 불러 제 방 좀 rummeideureul bulleo je bang jom 정리해 주시겠어요? jeongnihae jusigesseoyo	唔該可唔可以搵執房工人執一執間房?	請 問 可 不 可 以 找 qǐng wèn kě bù kě yǐ zhǎo 一 個 傭 工 收 拾 一 yī gè yōng gōng shōu shí yī 下 房 間? xià fáng jiān
누구세요? nuguseyo	邊個?	是 誰? shì shuí
잠깐 기다리세요 jamkkan gidariseyo	唔該你等陣	請 你 等 一 下 qǐng nǐ děng yī xià
들어 오세요 deureo oseyo	入嚟啦	請 進 來 qǐng jìn lái
샤워기 어떻게 쓰는지 syawogi eotteoke sseuneunji 시범을 보여 주시겠어요? sibeomeul boyeo jusigesseoyo	可唔可以示範一下點用個花灑?	可 不 可 以 示 範 一 kě bù kě yǐ shì fàn yī 下 怎 樣 用 這 個 淋 xià zěn yàng yòng zhè ge lín 浴 器? yù qì

한국어	廣東話	普通話
면도기 콘센트는 어디에 myeondogi konsenteuneun eodie 있어요 ? isseoyo	鬚刨插座喺邊?	電 鬍 刀 插 頭 在 哪 裏 ? diàn hú dāo chā tóu zài nǎ lǐ
콘센트 전압은 얼마예요 ? konsenteu jeonabeun eolmayeyo	插座嘅電壓係幾多?	插 頭 的 電 壓 是 多 少 ? chā tóu de diàn yā shì duō shǎo
텔레비전은 어떻게 켜요 ? television eun eotteoke kyeoyo	點樣開部電視?	怎 樣 開 啟 這 電 視 ? zěn yàng kāi qǐ zhè diàn shì
아침 식사 방에서 해도 achim siksa bang-eseo haedo 돼요 ? dwaeyo	我可唔可以喺房度食早餐?	我 可 以 在 房 間 內 吃 wǒ kě yǐ zài fáng jiān nèi chī 早 餐 嗎 ? zǎo cān ma
안전금고에 이것을 anjeon-geumgoe igeoseul 넣어 두고 싶은데요 neo-eo dugo sipeundeyo	我想放啲嘢入你哋嘅保險箱	我 想 放 一 些 東 西 wǒ xiǎng fàng yī xiē dōng xī 在 你 們 的 保 險 箱 zài nǐ men de báo xiǎn xiāng
... 필요해요 piryohaeyo	我想要 ...	我 想 要 ... wǒ xiǎng yào
– 재떨이 jaetteori	– 煙灰缸	– 煙 灰 缸 yān huī gāng
– 목욕 수건 mogyok sugeon	– 浴巾	– 浴 巾 yù jīn
– 이불 한 장 더 ibul han jang deo-	– 多一張被	– 多 一 張 被 褥 duō yī zhāng bèi rù
– 옷걸이 otgeori-	– 啲衣架	– 一 些 衣 架 yī xiē yī jià
– 얼음 eoreum-	– 啲冰	– 一 些 冰 yī xiē bīng
– 베개 하나 더 begae hana deo	– 多一個枕頭	– 多 一 個 枕 頭 duō yī gè zhěn tóu

한국어	廣東話	普通話
– 비누 binu	– 番梘	– 肥 皂 féi zào
– 물 한 병 mul han byeong	– 一支水	– 一 瓶 水 yī píng shuǐ
여기 이발소 있어요 ? yeogi ibalso isseoyo	呢度有無髮型屋？	這 裏 有 沒 有 理 髮 店 ? zhè lǐ yǒu méi yǒu lǐ fà diàn
실례지만, 화장실 어디에 있어요 ? sillyejiman hwajangsil eodie isseoyo	請問洗手間喺邊？	請 問 ， 洗 手 間 在 哪 裏 ? qǐng wèn xǐ shǒu jiān zài nǎ lǐ
... 어디에 있어요 ? eodie isseoyo	邊度有 ... ?	哪 裏 有 ... ? nǎ lǐ yǒu
– 식당 sikdang	– 餐廳	– 餐 廳 / 菜 館 cān tīng cài guǎn
– 미장원 mijang-won	– 美容院	– 美 容 院 měi róng yuàn

호텔 체크 아웃 離開酒店

CH03_05

한국어	廣東話	普通話
책임자를 만나고 싶은데요 chaegimjareul mannago sipeundeyo	我想見下你哋經理	我 想 見 你 們 的 經 理 wǒ xiǎng jiàn nǐ men de jīng lǐ
내일 아침 식사 후에 떠날 거예요 nae-il achim siksa hue tteonal geoyeyo	我聽日食完早餐就走	我 明 天 吃 完 早 餐 便 離 開 wǒ míng tiān chī wán zǎo cān biàn lí kāi

한국어	廣東話	普通話
계산서 좀 주시겠어요? gyesanseo jom jusigesseoyo	可唔可以幫我預備張單?	可 不 可 以 幫 我 準 備 賬 單? kě bù kě yǐ bāng wǒ zhǔn bèi zhàng dān
계산서에 문제가 있어요, gyesanseo-e munjega isseoyo 총액이 맞지 않아요 chong-aegi matji anayo	張單有啲問題,個總數唔啱	這 賬 單 有 一 些 問 題 , 總 數 算 錯 了 zhè zhàng dān yǒu yī xiē wèn tí zǒng shù suàn cuò le
나는 이거 시키지 않았어요 naneun igeo sikiji anasseoyo	我無叫到呢個	我 沒 有 點 這 個 wǒ méi yǒu diǎn zhè ge
분명 뭐가 잘못 됐어요! bunmyeong mwoga jalmot dwaesseoyo	一定有啲嘢唔啱!	一 定 有 些 地 方 不 對 ! yī dìng yǒu xiē dì fāng bú duì
돈 지불하겠어요 don jibulhagesseoyo	我想畀錢/找數	我 想 付 錢 wǒ xiǎng fù qián
한국돈으로 바꿔 hangukdoneuro bakkwo 주시겠어요? jusigesseoyo	可唔可以幫我換做韓圜?	可 不 可 以 幫 我 兑 成 韓 圜? kě bù kě yǐ bāng wǒ duì chéng hán yuán
짐을 아래로 옮겨 주시겠어요? jimeul araero omgyeo jusigesseoyo	可唔可以幫我搬啲行李落樓呀?	可 不 可 以 幫 我 拿 這 些 行 李 下 去? kě bù kě yǐ bāng wǒ ná zhè xiē xíng lǐ xià qù
택시 좀 불러 주시겠어요? taxi jom bulleo jusigesseoyo	可唔可以幫我叫架的士?	可 不 可 以 替 我 找 一 輛 計 程 車? kě bù kě yǐ tì wǒ zhǎo yī liàng jì chéng chē

한국어	廣東話	普通話
여기서 공항까지 약 얼마 나와요? yeogiseo gonghangkkaji yak eolma nawayo	由呢度去機場大約幾錢?	從這裏到機場大約要多少錢? cóng zhè lǐ dào jī chǎng dà yuē yào duō shǎo qián
짐을 여기에 좀 맡겨도 될까요 ? jimeul yeogie jom matgyeodo doelkkayo	我可唔可以留啲行李喺度?	我可以留我的行李在這裏嗎? wǒ ké yǐ liú wǒ de xíng lǐ zài zhè lǐ ma
3시쯤 돌아와 가져 가겠어요 sesijjeum dorawa gajyeo gagesseoyo	三點左右我會番嚟拎	我會在三點回來拿我的行李 wǒ huì zài sān diǎn huí lái ná wǒ de xíng lǐ
잊고 안 가져 가는 것 없어요 ? itkko an-gajyeo ganeun geot eopseoyo	你有無攞漏咗嘢?	你有沒有東西忘了拿走? ní yǒu méi yǒu dōng xī wàng le ná zǒu
이거 방 열쇠예요 igeo bang yeolsoeyeyo	呢條係我間房嘅鎖匙	這是我房間的鑰匙 zhè shì wǒ fáng jiān de yào shi

韓國住宿酒店概況

호텔 韓國飯店

韓國飯店分超豪華、豪華、一級、二級和三級共五種。以雙人房來說，超豪華飯店每晚約 20–40 萬韓圜（若有提供特殊服務和設施，價錢最高可達千萬韓圜），三級的大約為 3–10 萬韓圜。當然，價錢因應飯店的位置、旅遊季節及設施而有所區別。豪華級以上的飯店大多設有健身室、桑拿浴、商務中心、西式餐廳、咖啡廳等附屬設施。

유스호스텔 青年旅館

目前韓國約有 52 間青年旅館，大多坐落於著名的城市和地區，但有些地方距離景點或市中心較遠交通不大方便，訂房前應事先查詢。如持有國際青年旅社證（Hostelling International Card）更可享多種優惠。有關青年旅館的具體事宜，可聯絡韓國青年旅館聯盟。

한국유스호스텔연맹 韓國青年旅館聯盟

地址：韓國首爾鍾路區積善洞積善現代 B.D.409 號

網址：www.kyha.or.kr

음식점 餐館

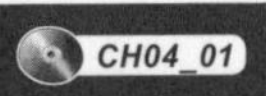

한국어	廣東話	普通話
배 고파요 bae gopayo	我好肚餓	我 很 餓 wǒ hěn è
목 말라요 mok mallayo	我好口渴	我 口 渴 wǒ kǒu kě
그리 비싸지 않고 맛있는 geuri bissaji anko masitneun 식당 소개해 줄 수 있어요？ sikdang sogaehae jul su isseoyo	你可唔可以介紹一間唔係太貴又好食嘅酒樓畀我？	你 可 不 可 以 介 紹 nǐ kě bù kě yǐ jiè shào 一 間 價 錢 不 太 貴 yī jiān jià qián bú tài guì 而 且 好 吃 的 菜 館 ér qiě hǎo chī de cài guǎn 給 我？ gěi wǒ
두 사람 좌석 예약하려고 du saram jwaseok yeyakaryeogo 합니다 hamnida	我想留一張兩人枱	我 想 預 訂 一 張 雙 wǒ xiǎng yù dìng yī zhāng shuāng 人 桌 子 rén zhuō zi
7 시 반에 갈 거예요 ilgop si bane gal geoyeyo	我哋會喺七點半嚟到	我 們 七 點 半 會 來 wǒ men qī diǎn bàn huì lái 到 dào
... 원해요 wonhaeyo	我哋想要一張...	我 們 想 要 一 張 ... wǒ men xiǎng yào yī zhāng
– 창가쪽 자리 chang-gajjok jari	– 近窗嘅枱	– 靠 窗 的 桌 子 kào chuāng de zhuō zi
– 에어컨에서 가까운 자리 e-eokoneseo ga-kkaun jari	– 近冷氣嘅枱	– 靠 近 空 調 的 桌 kào jìn kōng tiáo de zhuō 子 zi

한국어	廣東話	普通話
– 에어콘에서 먼 자리 e-eokoneseo meon jari	– 遠風口位嘅枱	– 遠 離 空 調 的 桌 子 yuǎn lí kōng tiáo de zhuō zi
여기요, 메뉴 좀 주세요 yeogiyo menu jom juseyo	唔該，可唔可以畀個餐牌我？	請 問 你 ， 可 不 可 以 給 我 一 張 菜 單 qǐng wèn nǐ kě bù kě yǐ géi wǒ yī zhāng cài dān
친구를 기다리고 있어요 chin-gureul gidarigo isseoyo	我等緊朋友	我 在 等 我 的 朋 友 wǒ zài děng wǒ de péng yǒu
여기 고를 게 많이 있어요 yeogi goreul ge mani isseoyo	呢度有好多選擇	這 裏 有 很 多 選 擇 zhè lǐ yǒu hěn duō xuǎn zé
고기를 안 먹어요 gogireul an meogeoyo	我唔食肉	我 不 吃 肉 wǒ bù chī ròu
채식만 합니다 chaesikman hamnida	我食齋嘅	我 吃 素 的 wǒ chī sù de
계란 알러지가 있어요 gyeran alleojiga isseoyo	我對雞蛋敏感／過敏	我 對 雞 蛋 敏 感／過 敏 wǒ duì jī dàn mǐn gǎn guò mǐn
고르셨어요？ goreusyeosseoyo	你揀咗食乜嘢未？	你 選 好 了 吃 甚 麼？ nǐ xuǎn hǎo le chi shén me
이 술 어때요？ i sul eottaeyo	你對呢種酒有咩意見？	你 對 這 種 酒 有 甚 麼 意 見？ nǐ duì zhè zhóng jiǔ yǒu shén me yì jiàn

한국어	廣東話	普通話
백포도주/ 적포도주/ 장미주 baekpodoju jeokpodoju jangmiju	白酒 / 紅酒 / 玫瑰酒	白 酒 / 紅 酒 / 玫 瑰 酒 bái jiǔ hóng jiǔ méi guì jiǔ
이 술 정말 좋네요 i sul jeongmal jotneyo	呢種酒真係好飲	這 種 酒 味 道 真 好 zhè zhóng jiǔ wèi dào zhēn hǎo
여기요, 빵 좀 더 주세요. / yeogiyo ppang jom deo juseyo 물 한 병 더 주세요 mul han byeong deo juseyo	唔該，你可唔可 以畀多少少麵包 / 一樽水我呀？	請 問，可 不 可 以 多 給 qǐng wèn kě bù kě yǐ dūo géi 我 一 點 麵 包 /一 瓶 水 wǒ yī diǎnr miàn bāo yī píng shuǐ
죄송하지만, ... 좀 주세요 joesonghajiman jom juseyo	唔好意思，可唔可 以畀 ... 我，唔該	對 不 起 ， 可 不 可 以 duì bù qǐ kě bù kě yǐ 給 我 ... géi wǒ
– 재떨이 jaetteori	– 一個煙灰缸	– 一 個 煙 灰 缸 yī ge yān huī gāng
– 숟가락 sutgarak	– 一隻羹	– 一 隻 調 羹 yī zhī tiáo gēng
– 포크 fork	– 一隻叉	– 一 把 叉 yī bǎ chā
– 컵 cup	– 一隻杯	– 一 個 杯 子 yī ge bēi zǐ
– 칼 kal	– 一把刀	– 一 把 刀 yī bǎ dāo
– 접시 jeopsi	– 一隻碟	– 一 隻 碟 子 yī zhī dié zǐ
– 내프킨 napkin	– 一張餐巾	– 一 張 餐 巾 紙 yī zhāng cān jīn zhǐ
– 이쑤시개 issusigae	– 一枝牙籤	– 一 枝 牙 籤 yī zhī yá qiān
... 주세요 juseyo	我想要 ...	我 想 要 ... wǒ xiǎng yào
– 맥주 한 잔 maekju han jan	– 一杯啤酒	– 一 杯 啤 酒 yī bēi pí jiǔ

한국어	廣東話	普通話
– 버터 좀 butter jom	— 一啲牛油	— 一點牛油 yī diǎnr niú yóu
– 케찹 좀 ketchup jom	— 一啲茄汁	— 一些茄汁 yī xiē qié zhī
– 닭고기 좀 dakgogi jom	— 一啲雞肉	— 一些雞肉 yī xiē jī ròu
– 돼지고기 좀 dwaejigogi jom	— 一啲豬肉	— 一些豬肉 yī xiē zhū ròu
– 소고기 좀 sogogi jom	— 一啲牛肉	— 一些牛肉 yī xiē niú ròu
– 생선 좀 saengseon jom	— 一啲魚	— 一些魚 yī xiē yú
– 해산물 좀 haesanmul jom	— 一啲海鮮	— 一些海鮮 yī xiē hǎi xiān
– 과일 좀 gwail jom	— 一啲生果	— 一些水果 yī xiē shuǐ guǒ
– 아이스크림 좀 ice cream jom	— 一啲雪糕	— 一些冰淇淋 yī xiē bīng qí lín
– 레몬 좀 lemon jom	— 一啲檸檬	— 一些檸檬 yī xiē níng méng
– 샐러드 좀 salad jom	— 一啲沙律	— 一些色拉 yī xiē sè lā
– 고기 좀 gogi jom	— 一啲肉	— 一些肉 yī xiē ròu
– 야채 좀 yachae jom	— 一啲菜	— 一些菜 yī xiē cài
– 마요네즈 좀 mayonnaise jom	— 一啲蛋黃醬	— 一些蛋黃醬 yī xiē dàn huáng jiàng
– 겨자 좀 gyeoja jom	— 一啲芥辣	— 一些芥茉 yī xiē jiè mò
– 후추가루 좀 huchugaru jom	— 一啲胡椒粉	— 一些胡椒粉 yī xiē hú jiāo fěn
– 소금 좀 sogeum jom	— 一啲鹽	— 一些鹽 yī xiē yán
– 설탕 좀 seoltang jom	— 一啲糖	— 一些糖 yī xiē táng
– 식초 좀 sikcho jom	— 一啲醋	— 一些醋 yī xiē cù

한국어	廣東話	普通話
– 감자 튀김 좀 gamja twigim jom	– 一啲薯條	– 一 些 薯 條 yī xiē shǔ tiáo
– 감자 좀 gamja jom	– 一啲薯仔	– 一 些 馬 鈴 薯 yī xiē mǎ líng shǔ
– 밥 좀 bap jom	– 一啲飯	– 一 些 飯 yī xiē fàn
– 샌드위치 좀 sandwich jom	– 一啲三文治	– 一 些 三 明 治 yī xiē sān míng zhì
– 증류수 좀 jeungryusu jom	– 一支蒸餾水	– 一 瓶 蒸 餾 水 yī píng zhēng liú shuǐ
– 국 좀 guk jom	– 一啲湯	– 一 些 湯 yī xiē tāng
– 뜨거운 물 좀 tteugeoun mul jom	– 一杯熱水	– 一 杯 熱 開 水 yī bēi rè kāi shuǐ
– 찬 물 좀 chan mul jom	– 一杯凍水	– 一 杯 冷 開 水 yī bēi lěng kāi shuǐ
– 얼음물 좀 eoreummul jom	– 一杯冰水	– 一 杯 冰 水 yī bēi bīng shuǐ

불만 投訴

CH04_02

이거 시키지 않았어요 ! igeo sikiji anasseoyo	我無叫到呢啲嘢！	我 沒 有 點 這 個 ！ wǒ méi yǒu diǎn zhè ge
이거 못 먹겠어요 igeo mon meokgesseoyo	我唔可以食呢樣	我 不 可 以 吃 這 個 wǒ bù kě yǐ chī zhè ge
이거 좀 바꿔 주세요 igeo jom ba-kkwo juseyo	你可唔可以幫我換過？	可 不 可 以 幫 我 換 這 個 ？ kě bù kě yǐ bāng wǒ huàn zhè ge
이 고기 ... i gogi	呢啲肉...	這 些 肉 ... zhè xiē ròu
– 너무 익었어요 neomu igeosseoyo	– 太熟	– 太 熟 tài shú

한국어	廣東話	普通話
— 덜 익었어요 deol igeosseoyo	— 唔夠熟	— 不 太 熟 bù tài shú
너무 시어요 neomu si-eoyo	呢個太酸	這 個 太 酸 zhè ge tài suān
너무 짜요 neomu jjayo	呢個太鹹	這 個 太 鹹 zhè ge tài xián
너무 달아요 neomu darayo	呢個太甜	這 個 太 甜 zhè ge tài tián
너무 차가워요 neomu chagawoyo	呢個太凍	這 個 太 冷 zhè ge tài lěng
덜 차가워요 / deol chagawoyo 신선하지 않아요 sinseonhaji anayo	呢個都唔凍 / 唔新鮮	這 個 不 夠 冷 / 不 新 zhè ge bù gòu lěng bù xīn 鮮 xiān
이거 신선하지 않아요 igeo sinseonhaji anayo	呢個唔新鮮	這 個 不 新 鮮 zhè ge bù xīn xiān
주방장 좀 불러 주세요 jubangjang jom bulleo juseyo	你可唔可以叫大 廚嚟？	你 可 不 可 以 請 大 nǐ kě bù kě yǐ qǐng dà 廚 出 來？ chú chū lái

지불 畀錢 / 付款

CH04_03

한국어	廣東話	普通話
여기 계산해 주세요 yeogi gyesanhae juseyo	唔該埋單	請 結 賬 qǐng jiē zhàng

한국어	廣東話	普通話
서비스 요금이 가산 됩니까? service yogeumi gasan doemnikka	計唔計埋加一?	會 收 加 一 服 務 費 嗎? huì shōu jiā yī fú wù fèi ma
신용카드 받아요? sinyongcard badayo	你哋收唔收信用卡?	你 們 接 受 信 用 卡 付 款 嗎? nǐ men jiē shòu xìn yòng kǎ fù kuǎn ma
감사합니다 gamsahamnida	多謝晒	謝 謝 xiè xie
아주 맛있었어요, 감사합니다! aju masisseosseoyo gamsahamnida	啲嘢好好食，多謝晒!	這 些 很 好 吃 ， 謝 謝 ! zhè xiē hěn hǎo chī xiè xie
또 올게요! tto olgeyo	我哋會再嚟!	我 們 會 再 來 wǒ men huì zài lái
맥도날드 麥當勞		CH04_04
안녕하세요, 빅맥 세트하고 콜라 큰 거하고 감자튀김 주세요 annyeonghaseyo, big-mac set-hago cola keun-geohago gamjatwigim juseyo	你好，一個巨無霸餐加大杯汽水同埋啲薯條	你 好 ， 我 想 要 一 個 巨 無 霸 套 餐 加 大 汽 水 和 薯 條 ní hǎo wó xiǎng yào yī ge jù wú bà tào cān jiā dà qì shuǐ hé shǔ tiáo
여기서 드세요 아니면 가지고 가실 거예요? yeogiseo deuseyo animyeon gajigo gasil geoyeyo	喺度食定拎走?	堂 吃 還 是 外 賣 ? táng chī hái shì wài mài
여기 전부 ... 원 입니다 yeogi jeonbu won imnida	呢啲一共 ... (價錢) 圓	一 共 ... (價 錢) 圓 yī gòng yuán

韓國飲食

밥 飯

韓國人的主要食糧是飯，一天三頓都吃飯。而飯的種類有很多種，包括用白米做的米飯，加入各種雜糧的雜糧飯，混合了蔬菜的野菜飯，加入泡菜的泡菜飯、或蘿蔔的蘿蔔飯，以及黃豆芽飯等。

김치 泡菜

泡菜是指用鹽水醃過的白菜或蘿蔔，再以蒜、魚醬、辣椒粉等調味料拌勻後發酵的菜餚。泡菜是韓國最具代表性的菜餚，含有豐富的機酸、維他命等營養的健康食品。泡菜的種類有辣白菜、蘿蔔泡菜、包泡菜、蔥泡菜、黃瓜泡菜等，而不辣的泡菜則有水泡菜和白泡菜等。

찌개 醬湯

醬湯比一般的湯鹹，通常醬湯多拌着飯一起吃。韓國的醬湯有大醬湯、泡菜醬湯、海鮮醬湯等，建議醬湯趁熱吃，味道最佳。

국 湯

海帶湯、蘿蔔湯、菠菜湯等是加入了蔬菜或海鮮煮的湯，也有如牛雜碎湯和牛肉湯等用牛骨頭和肉長時間烹成的湯。與香港人吃飯前喝湯習慣相反，韓國人喜歡一邊吃飯一邊喝湯，又或直接把飯泡在湯裏吃。

외국인이 좋아하는 한국 음식 外國人喜歡吃的韓食

불고기 烤肉

把牛肉浸在以濃醬油、白糖、蔥、蒜、芝麻鹽、胡椒麵製成的調味料中，然後再烤。

갈비구이 烤排骨

烤母牛的排骨是一種很受韓國人和外國人歡迎的韓食。

비빔밥　拌飯

將菠菜、蘑菇、黃豆芽、桔梗、紅蘿蔔、雞蛋等與芝麻油、辣椒醬拌飯吃。全州拌飯和晉州拌飯最為有名，而全州所加入的材料，更達30多種。

삼계탕　人參雞湯

將人參、紅棗、栗子、糯米放入雞腹中煮熟，是滋補身體的佳品。

해물파전　海鮮蔥餅

在和好的麵粉中加入蔥和各種海鮮的餅。

냉면　冷麵

在冰涼爽口的冷麵湯中泡入蕎麥麵煮成的湯冷麵（물냉면），另一種是用辣椒醬等調味料拌成的拌冷麵

잡채　雜菜

將蔬菜、蘑菇、肉等切成絲，與粉絲一同炒成的熟菜，多用於宴會菜餚。

상점, 각종 서비스 店舖及各種服務

한국어	廣東話	普通話
쇼핑 購物		CH05_01
입구 ipgu	入口	入 口 rù kǒu
출구 chulgu	出口	出 口 chū kǒu
비상구 bisanggu	緊急出口	緊 急 出 口 jǐn jí chū kǒu
신용카드 사용 카운터 sinyong card sayong counter	用信用卡畀錢嘅櫃台	可 以 使 用 信 用 卡 付 kě yǐ shǐ yòng xìn yòng kǎ fù 款 的 櫃 枱 kuǎn de guì tái
아프터 서비스 after service	售後服務	售 後 服 務 shòu hòu fú wù
대 바겐세일 dae bargain sale	大減價	大 甩 賣 dà shuǎi mài
할인 harin	折扣	折 扣 zhé kòu
어디요 ? eodiyo	喺邊 ?	在 哪 兒 ? zài nǎr
어디에 좋은 ... 있어요 ? eodie joeun isseoyo	邊度有好嘅 ... ?	哪 兒 有 好 的 ... ? nǎr yǒu hǎo de
어디에서 ... 찾을 수 있어요 ? eodieseo chajeul su isseoyo	我可以喺邊度搵到 ... ?	我 可 以 在 哪 裏 找 wǒ kě yǐ zài nǎ lǐ zhǎo 到 ... ? dào

한국어	廣東話	普通話
쇼핑 센타가 어디에 있어요 ? shopping center ga eodie isseoyo	邊度有購物中心 ?	哪裏有購物中心 ? nǎ lǐ yǒu guò wù zhōng xīn
여기에서 멀어요 ? yeogieseo meoreoyo	離呢度好遠架 ?	離這兒很遠嗎 ? lí zhèr hěn yuǎn ma
여기에서 어떻게 가지요 ? yeogieseo eotteoke gajiyo	我點先可以去到嗰度 ?	我怎樣才能到 wǒ zěn yàng cái néng dào 那兒 ? nàr
고객 서비스 客戶服務		CH05_02
저를 좀 도와 주시겠어요 ? jeoreul jom dowa jusigesseoyo	你可唔可以幫我 ?	你可不可以幫我 nǐ kě bù kě yǐ bāng wǒ
제가 좀 볼까요 ? Jega jom bolkkayo	我睇下先	先讓我看看 xiān ràng wǒ kàn kan
... 있어요 ? isseoyo	你有無 ... ?	你有沒有 ... ? nǐ yǒu méi yǒu
... 사고 싶어요 sago sipeoyo	我想買 ...	我想買 ... wǒ xiǎng mǎi
죄송합니다, ... 찾는데요 joesonghamnida chatneundeyo	唔好意思，我想搵 ...	對不起，我想找 ... duì bù qǐ wǒ xiǎng zhǎo
엘리베이터 / 에스카레이터가 elevator / escalator ga 어디에 있어요 ? eodie isseoyo	邊度有𨋢 / 扶手電梯 ?	哪裏有升降機 / nǎ lǐ yǒu shēng jiàng jī 電梯 ? diàn tī

한국어	廣東話	普通話
... 좀 보여 주시겠어요 ? ... jom boyeo jusigesseoyo	你可唔可以畀... 我睇下？	你 可 不 可 以 給 ... nǐ kě bù kě yǐ gěi 我 看 看？ wǒ kàn kan
– 저거 jeogeo	– 嗰件	– 那 件 nà jiàn
– 저것들 jeogeotdeul	– 嗰幾件	– 那 幾 件 nà jǐ jiàn
– 이거 igeo	– 呢件	– 這 件 zhè jiàn
– 이것들 igeotdeul	– 呢幾件	– 這 幾 件 zhè jǐ jiàn
– 진열장에 있는 저거 jinyeoljang-e itneun jeogeo	– 櫥窗嗰件	– 放 在 櫥 窗 的 fàng zài chú chuāng de 那 件 nà jiàn
... 찾는데요 chatneundeyo	我想搵一件...	我 想 找 一 件 ... wǒ xiǎng zhǎo yī jiàn
– 좀 큰 거 jom keun geo	– 大嘅	– 大 一 點 的 dà yī diǎnr de
– 좀 싼 거 jom ssan geo	– 平嘅	– 便 宜 一 點 的 pián yí yī diǎnr de
– 좀 진한 색 jom jinhan saek	– 沉色嘅	– 顏 色 深 一 點 的 yán sè shēn yī diǎnr de
너무 비싼 건 사고 싶지 neomu bissan geon sago sipji 않아요 anayo	我唔想要太貴 嘅嘢	我 不 想 要 太 貴 的 wǒ bù xiǎng yào tài guì de 東 西 dōng xi
좀 비싼 걸 사고 싶어요 jom bissan geol sago sipeoyo	我想要件貴啲嘅	我 想 要 貴 一 點 的 wǒ xiǎng yào guì yī diǎnr de 東 西 dōng xi

한국어	廣東話	普通話
샘플 좀 볼 수 있어요? sample jom bol su isseoyo	你有無樣版畀我睇下?	你 有 沒 有 樣 版 給 nǐ yǒu méi yǒu yàng bǎn gěi 我 看 看? wǒ kàn kan
... 거 있어요? geo isseoyo	你有無啲係...	你 有 沒 有 一 些 東 nǐ yǒu méi yǒu yī xiē dōng 西 是 ... xī shì
– 그리 비싸지 않은 geuri bissaji aneun	– 無咁貴	– 不 太 貴 bù tài guì
– 좀 큰 jom keun	– 大啲	– 大 些 dà xiē
– 좀 작은 jom jageun	– 細啲	– 小 些 xiǎo xiē
얼마예요? eolmayeyo	幾多錢?	多 少 錢? duō shǎo qián
잘 모르겠어요 jal moreugesseoyo	我唔明白	我 不 明 白 wǒ bù míng bái
좀 써 주시겠어요? jom sseo jusigesseoyo	你可唔可以寫低?	你 可 不 可 以 寫 下 來? nǐ kě bù kě yǐ xiě xià lái
…원을 초과하지 woneul chogwahaji 않았으면 좋겠어요 anasseumyeon jokesseoyo	我唔想用多過...(價錢)圓(₩)	我 不 想 用 多 於 ...(價錢) wǒ bù xiǎng yòng duō yú 圓 yuán
내가 찾는 게 아니에요 naega chatneun ge anieyo	呢個唔係我想搵嘅	這 個 不 是 我 想 找 的 zhè ge bù shì wǒ xiǎng zhǎo de

한국어	廣東話	普通話
별로예요 byeolloyeyo	我唔係幾鍾意	我 不 是 太 喜 歡 wǒ bù shì tài xǐ huān
이거 좋아요 igeo joayo	我要呢個	我 要 這 個 wǒ yào zhè ge
이거 예약해 줄 수 있어요? igeo yeyakae jul su isseoyo	你可唔可以幫我訂呢個?	你 可 不 可 以 替 我 nǐ kě bù kě yǐ tì wǒ 預 訂 這 個? yù dìng zhè ge
얼마나 기다려야 해요? eolmana gidaryeoya haeyo	要等幾耐?	要 等 多 久? yào děng duō jiǔ
지불 畀錢 / 付款		CH05_03
모두 … 원입니다 modu wonimnida	總共…(價錢)圜(₩)	一 共 …(價錢)圜 yī gòng yuán
수납 창구가 저기예요 sunap chang-guga jeogiyeyo	收銀處喺嗰邊	收 銀 處 在 那 邊 shōu yín chù zài nà biān
실례지만, 어디에서 돈을 지불해요? sillyejiman, eodieseo doneul jibulhaeyo	唔好意思,我可以喺邊度畀錢?	不 好 意 思 , 我 可 bù hǎo yì si wǒ kě 以 在 哪 兒 付 款? yǐ zài nǎr fù kuǎn
신용카드로 지불해도 되나요? sinyong card ro jibulhaedo doenayo	可唔可以用信用卡?	可 不 可 以 使 用 信 kě bù kě yǐ shǐ yòng xìn 用 卡? yòng kǎ
계산이 틀린 것 같아요 gyesani teullin geot gatayo	我諗你計錯數	我 想 你 弄 錯 了 價 錢 wǒ xiǎng nǐ nòng cuò le jià qián

한국어	廣東話	普通話
다른 건 필요 없으세요? dareun geon piryo eopseuseyo	你仲有無其他嘢想要?	你 還 需 不 需 要 其 nǐ hái xū bù xū yào qí 他 東 西? tā dōng xi
없어요, 감사합니다 eopseoyo gamsahamnida	無其他嘢想要啦，唔該	沒 有 了 ， 謝 謝 méi yǒu le xiè xie
네, 또 ... 도 사고 싶어요 ne tto do sago sipeoyo	有，我仲想要...	有 ， 我 還 想 要 ... yǒu wǒ hái xiǎng yào
... 좀 갖다 주시겠어요? jom gatda jusigesseoyo	你可唔可以拎...畀我?	你 可 不 可 以 拿 ... nǐ kě bù kě yǐ ná 給 我? gěi wǒ
포장해 주시겠어요? pojanghae jusigesseoyo	可唔可以幫我包起佢?	可 不 可 以 替 我 把 kě bù kě yǐ tì wǒ bǎ 這 包 裝 一 下? zhè bāo zhuāng yí xià
예쁘게 포장해 주시겠어요? yeppeuge pojanghae jusigesseoyo	可唔可以包靚佢?	可 不 可 以 把 它 包 kě bù kě yǐ bǎ tā bāo 裝 得 美 觀 一 點? zhuāng de měi guān yì diǎnr
쇼핑백 하나 주세요 shopping bag hana juseyo	唔該畀個袋我	請 給 我 一 個 袋 子 qǐng gěi wǒ yí ge dài zi
바꿔 줄 수 있어요? ba-kkwo jul su isseoyo	可唔可以幫我換過?	可 不 可 以 替 我 更 換? kě bù kě yǐ tì wǒ gēng huàn
반품하려고 해요 banpumharyeogo haeyo	我想退咗佢	我 需 要 退 貨 wǒ xū yào tuì huò

한국어	廣東話	普通話
돈으로 물러 주세요 doneuro mulleo juseyo	我想退番錢	我 想 退 款 wǒ xiǎng tuì kuǎn
여기 영수증 있습니다 yeogi yeongsujeung itseumnida	呢張係你嘅收據	這 是 你 的 收 據 zhè shì nǐ de shōu jù
미안합니다, 영수증을 잃어 mianhamnida yeongsujeung-eul ireo 버렸어요 beoryeosseoyo	唔好意思，我唔 見咗張收據	不 好 意 思 ， 我 丟 失 bù hǎo yì si wǒ diū shī 了 我 的 收 據 le wǒ de shōu jù
수퍼마켓 超級市場		CH05_04
손수레 sonsure	手推車	手 推 車 shǒu tuī chē
백 bag	袋	袋 子 dài zi
수납기 / 수납원 sunapgi sunabwon	收銀機 / 收銀員	收 銀 機 / 收 銀 員 shōu yín jī shōu yín yuán
실례지만, 말씀 좀 sillyejiman, malsseum jom 묻겠는데요 mutgetneundeyo	唔好意思，我想 問啲嘢	不 好 意 思 ， 我 想 bù hǎo yì si wǒ xiǎng 請 教 些 事 情 qǐng jiào xiē shì qíng
... 어디에 있어요？ eodie isseoyo	邊度有...	我 在 哪 裏 可 以 找 wǒ zài nǎ li kě yǐ zhǎo 到 ... dào
— 과자 gwaja	— 餅乾	— 餅 乾 bǐng gān
— 빵 ppang	— 麵包	— 麵 包 miàn bāo
— 버터 butter	— 牛油	— 黃 油 huáng yóu

한국어	廣東話	普通話
— 치즈 cheese	— 芝士	— 奶 酪 nǎi lào
— 쌀 ssal	— 米	— 米 mǐ
— 소금 sogeum	— 鹽	— 鹽 yán
— 간장 ganjang	— 醬油	— 醬 油 jiàng yóu
— 설탕 seoltang	— 糖（調味用） （粵音第四聲）	— 糖（調味用） táng
— 사탕 satang	— 糖（零食） （粵音第二聲）	— 糖 果（零食） táng guǒ
— 차 cha	— 茶	— 茶 chá
— 야채 만두 yachae mandu	— 素菜包	— 素 菜 包 sù cài bāo
— 초콜릿 chocolate	— 朱古力	— 巧 克 力 qiǎo kè lì
— 커피 coffee	— 咖啡	— 咖 啡 kā fēi
— 기름 gireum	— 油	— 油 yóu
— 야자유 yajayu	— 椰子油	— 椰 子 油 yē zǐ yóu
— 옥수수 기름 oksusu gireum	— 粟米油	— 玉 米 油 yù mǐ yóu
— 생선 saengseon	— 鮮魚	— 鮮 魚 xiān yú
— 계란 / 오리알 gyeran orial	— 雞 / 鴨 蛋	— 雞 / 鴨 蛋 jī yā dàn
— 냉동 식품 naengdong sikpum	— 冷藏食物	— 冷 凍 食 物 lěng dòng shí wù
— 과일 gwail	— 生果	— 水 果 shuǐ guǒ
— 주스 juice	— 果汁	— 果 汁 guǒ zhī
— 잼 jam	— 果醬	— 果 醬 guǒ jiàng

한국어	廣東話	普通話
— 고기 gogi	— 肉	— 肉 ròu
— 우유 uyu	— 奶	— 奶 nǎi
— 국수 guksu	— 麵	— 麵 miàn
— 야채 yachae	— 蔬 菜	— 蔬 菜 shū cài
— 식초 sikcho	— 醋	— 醋 cù
— 술 sul	— 酒	— 酒 jiǔ
— 요구르트 yoghurt	— 乳 酪	— 乳 酪 rǔ lào
— 토스트 toast	— 多 士	— 乾 麵 包 片 gān miàn bāo piàn

세탁소 洗衣店

CH05_05

한국어	廣東話	普通話
세탁소가 어디에 있어요 ? setaksoga eodie isseoyo	最近邊度有洗衣舖？	附 近 哪 裏 有 洗 衣 店？ fù jìn nǎ lǐ yǒu xǐ yī diàn
이 옷 ... 해 주세요 i ot hae juseyo	我想 ... 呢啲衫	我 想 ... 這 些 衣 服 wǒ xiǎng zhè xiē yī fu
— 드라이 크리닝 dry cleaning	— 乾 洗	— 乾 洗 gān xǐ
— 다림질 darimjil	— 燙	— 燙 tàng
— 빨래 ppallae	— 濕 洗	— 濕 洗 shī xǐ
언제 가지러 와요 ? eonje gajireo wayo	幾時攞得？	在 何 時 我 可 以 拿 回？ zài hé shí wǒ kě yǐ ná huí

한국어	廣東話	普通話
... 까지 해 주세요 kkaji hae juseyo	我想 ... 要	我 希 望 ... 拿 回 wǒ xī wàng ná huí
– 오늘 oneul	– 今日	– 今 天 jīn tiān
– 오늘 저녁 oneul jeonyeok	– 今晚	– 今 天 晚 上 jīn tiān wǎn shàng
– 내일 naeil	– 聽日	– 明 天 míng tiān
– 금요일 전 geumyoil jeon	– 星期五前	– 星 期 五 前 xīng qī wǔ qián
... 해 줄 수 있어요 ? hae jul su isseoyo	你可唔可以幫我 ... 呀 ?	可 不 可 以 幫 我 ... ? kě bù kě yǐ bāng wǒ
– 수선 suseon	– 整番好	– 把 它 修 理 好 bǎ tā xiū lǐ hǎo
– 깁는 것 gimneun geot	– 補番好	– 修 補 好 xiū bǔ hǎo
단추 좀 달아 주시겠어요 ? danchu jom dara jusigesseoyo	你可唔可以幫我釘番粒鈕 ?	你 可 不 可 以 幫 我 nǐ kě bù kě yǐ bāng wǒ 把 鈕 扣 釘 上 ? bǎ niǔ kòu dìng shàng
제 것이 아니에요 je geosi anieyo	呢件唔係我嘅	這 件 不 是 我 的 zhè jiàn bù shì wǒ de
한 벌이 모자라요 han beori mojarayo	少咗一件	少 了 一 件 shǎo le yī jiàn
여기 구멍 났어요 yeogi gumeong nasseoyo	呢度有個窿 !	這 裏 有 個 洞 ! zhè lǐ yǒu ge dòng
제 옷 다 됐어요 ? je ot da dwaesseoyo	我啲衫得未 ?	我 的 衣 服 可 以 拿 wǒ de yī fú kě yǐ ná 回 了 嗎 ? huí le ma

한국어	廣東話	普通話
이발소 髮型屋 / 理髮店		CH05_06
한국어 / 광동어 / han-gugeo gwangdong-eo 보통화 잘 못해요 botonghwa jal motaeyo	我唔係好識講韓文 / 廣東話 / 普通話	我 不 太 會 説 韓 文 / wǒ bù tài huì shuō hán wén 廣 東 話 / 普 通 話 guǎng dōng huà pǔ tōng huà
시간이 급해요 sigani geupaeyo	我趕時間	我 趕 時 間 wǒ gǎn shí jiān
이발하고 샴푸 다 해요 ? ibalhago shampoo da haeyo	剪頭髮同洗頭 ?	剪 頭 髮 還 有 洗 頭 ? jiǎn tóu fà hái yǒu xǐ tóu
여기 잡지 있어요 ? yeogi japji isseoyo	你哋有無雜誌 ?	你 們 有 沒 有 雜 誌 ? nǐ men yěu méi yǒu zá zhì
이발하려고요 ibalharyeogoyo	我想剪頭髮	我 想 剪 頭 髮 wǒ xiǎng jiǎn tóu fà
자르기만 하겠어요 Jareugiman hagesseoyo	我淨係想剪頭髮	我 只 想 剪 頭 髮 wǒ zhǐ xiǎng jiǎn tóu fà
너무 짧게 자르지 마세요 neomu jjalge jareuji maseyo	唔好剪咁短，唔該	請 不 要 剪 太 短 qǐng bù yào jiǎn tài duǎn
가위로만 잘라 주세요 gawiroman jalla juseyo	淨係用鉸剪	只 用 剪 刀 zhǐ yòng jiǎn dāo
염색하려고 해요 yeomsaekaryeogo haeyo	我想染髮	我 想 染 頭 髮 wǒ xiǎng rǎn tóu fà
무슨 색으로 염색하시겠어요 ? museun saegeuro yeomsaekasigesseoyo	你想染乜嘢色 ?	你 想 染 甚 麼 顏 色 ? nǐ xiǎng rǎn shén me yán sè

한국어	廣東話	普通話
샘플 좀 보여 주시겠어요 ? sample jom boyeo jusigesseoyo	有無版畀我睇吓 ?	你 有 沒 有 樣 版 給 nǐ yǒu méi yǒu yàng bǎn gěi 我 看 看 ? wǒ kàn kan
여기를 좀 더 짧게 잘라 주세요 yeogireul jom deo jjalge jalla juseyo	呢度再剪短少少，唔該	請 在 這 兒 再 剪 短 qǐng zài zhèr zài jiǎn duǎn 一 些 yì xiē
젤 바를까요 ? jel bareulkkayo	你要唔要落啲 gel ?	你 要 用 定 型 髮 膠 嗎 ? nǐ yào yòng dìng xíng fà jiāo ma
감사합니다 gamsahamnida	唔該晒	謝 謝 xiè xie
잘 자르셨어요 jal jareusyeosseoyo	剪得好好	剪 得 很 好 jiǎn de hěn hǎo
얼마예요 ? eolmayeyo	幾多錢呀 ?	多 少 錢 ? duō shǎo qián
미용실 美容院		CH05_07
이 근처에 미장원이 있어요 ? i geuncheo-e mijangwoni isseoyo	呢度附近有無美容院呀 ?	這 裏 附 近 有 沒 有 zhè lǐ fù jìn yǒu méi yǒu 美 容 院 ? měi róng yuàn
오늘 오후로 예약할 수 있어요 ? oneul ohuro yeyakal su isseoyo	我可唔可以約今日下晝 ?	我 可 不 可 以 預 約 wǒ kě bù kě yǐ yù yuē 今 天 下 午 ? jīn tiān xià wǔ
좋은 의견 있으세요 ? jo-eun uigyeon isseuseyo	你有乜嘢意見 ?	你 有 甚 麼 建 議 ? nǐ yǒu shén me jiàn yì

한국어	廣東話	普通話
훼이셜 facial	做 facial	做 美 容 zuò měi róng
손톱 / 발톱 정리 sontop baltop jeongni	修手甲 / 腳甲	修 指 甲 / 腳 甲 xiū zhǐ jiǎ jiǎo jiǎ

美容

미용실 美容室

韓國著名的梨花女子大學正門前是一個很大的購物區，那裏有百多間美容室，價錢相宜，美容師的手藝也很不錯。

剪髮：15,000韓圜起

電髮：25,000韓圜起

退稅制度

在有 Tax Free Shopping 標誌的商店裏購買一定金額（最低購買價格）以上的商品，並在購買日起 3 個月內出境，可獲退還商品增值稅。

在標有全球退稅的免稅購物標誌的商店裏購物時，可取得免稅購物發票，出境時可辦理退稅手續。

出境時在機場先不要托運裝有所購商品的行李，要待向海關出示發票和商品，加蓋確認圖章後始托運。如果商品過大，想一併寄行李的話，請在劃位前將所購買的物品拿到標有 D，J 英文字母的櫃台中，那裏會有專門寄大型行李的櫃位服務（oversize luggage checking counter），可把所購的大型商品和收據一併交給相關人員，即可完成託運手續，並取得託運憑證。

在機場 28 號登機口附近的退稅窗口（Cash Refund）出示發票或託運憑證，商品增值稅總額會以現金退還。如因時間緊迫無法退稅，回國後可將收據寄回，辦理退稅手續。

日常生活消費價格

食物		韓圜
라면	辛拉麵	650 / 包
우유	牛奶	1,750 / 1 公斤
새우깡	蝦條（小）	700 / 包
커피	咖啡	3,300 / 杯
피자	Pizza（中）	14,900起
빅맥세트	麥當勞巨無霸餐	4,600
비빔밥	拌飯	5,000–8,000
영화표	電影票	7,000–8,000
책	書籍	8,000–12,000
DVD	DVD	20,000–25,000 / 張
CD	CD	15,000 / 張
신문	報紙	500–700
피씨방	網吧	1,000–2,000 / 小時
노래방	卡拉OK	5,000–10,000 / 小時
콜라	可樂	500 / 罐
맥주	啤酒	1,400–1,600 / 瓶
버스	公車（首爾市內）	1,000
담배	香煙	1,900起 / 包
시 기본요금	計程車基本費	1,900
지하철	地鐵	1,000起
아스피린	亞士匹靈藥物	2,000 / 20 粒
밴드	繃帶	1,000 / 包

6 색깔 顏色

CH06_01

한국어	廣東話	普通話
은색 eunsaek	銀 色	銀 色 yín sè
파란색 paransaek	藍 色	藍 色 lán sè
빨간색 ppalgansaek	紅 色	紅 色 hóng sè
녹색 noksaek	綠 色	綠 色 lǜ sè
노란색 noransaek	黃 色	黃 色 huáng sè
갈색 galsaek	啡 色	咖 啡 色 kā fēi sè
까만색 kkamansaek	黑 色	黑 色 hēi sè
금색 geumsaek	金 色	金 色 jīn sè
하얀색 hayansaek	白 色	白 色 bái sè
오렌지색 orange saek	橙 色	橙 色 chéng sè
보라색 borasaek	紫 色	紫 色 zǐ sè
분홍색 bunhongsaek	粉 紅 色	粉 紅 色 fěn hóng sè
살색 salsaek	肉 色	肉 色 ròu sè
회색 hoesaek	灰 色	灰 色 huī sè

7 전자제품 電子產品

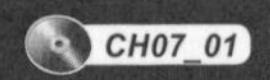

한국어	廣東話	普通話
디지털 카메라 digital camera	數碼相機	數 碼 相 機 shù mǎ xiàng jī
엠디플레이어 MD player	MD 機	MD 播 放 器 / MD 隨 身 聽 bō fàng qì suí shēn tīng
엠피쓰리 MP3	MP3 機	MP3 播 放 器 / MP3 隨 身 聽 bō fàng qì suí shēn tīng
씨디플레이어 CD player	CD Walkman / CD 機	CD 播 放 器 / CD 隨 身 聽 bō fàng qì suí shēn tīng
앨씨디 텔레비전 LCD television	LCD 電視	LCD 平 板 電 視 ping bǎn diàn shì
디비디플레이어 DVD player	DVD 機	DVD 播 放 器 bō fàng qì
메모리카드 memory card	記憶卡	記 憶 卡 jì yì kǎ
피디에이 PDA	PDA / 電子手帳	PDA / 掌 上 電 腦 zhǎng shàng diàn nǎo
피씨 / 매킨토시 PC macintosh	個人電腦 / Mac 機 (蘋果電腦)	個 人 電 腦 / 蘋 果 電 腦 gè rén diàn nǎo píng guǒ diàn nǎo
노트북 컴퓨터 notebook computer	手提電腦	手 提 電 腦 shǒu tí diàn nǎo

한국어	廣東話	普通話
브로드밴드 broadband	寬頻	寬 帶 kuān dài
이메일 / 에스앰에스 / email SMS 앰앰에스 MMS	電郵 / 手機短訊 / 多媒體訊息	電 郵 / 手 機 短 訊 / 多 媒 體 訊 息 diàn yóu shǒu jī duǎn xùn duō méi tǐ xùn xī
메일 박스 mail box	電子郵箱	電 子 郵 箱 diàn zi yóu xiāng
아이디 ID	用戶名 / ID	用 戶 名 / 帳 號 yòng hù míng zhàng hào
비밀 번호 bimil beonho	密碼	密 碼 mì mǎ
제목 jemok	主旨	主 題 zhǔ tí
수신자 주소 susinja juso	收件者地址	收 件 者 地 址 shōu jiàn zhě dì zhǐ
내용 / 메시지 naeyong message	內容 / 訊息	內 容 / 訊 息 nèi róng xùn xī
첨부 문서 cheombu-munseo	附加文件	附 加 文 件 fù jiā wén jiàn
발송 / 수신 balsong susin	寄出 / 收件	寄 出 / 收 件 jì chū shōu jiàn
채팅룸 chatting room	聊天室	聊 天 室 liáo tiān shì

한국어	廣東話	普通話
음성 메시지 eumseong message	語音訊息	語 音 訊 息 yǔ yīn xùn xī
무선 인터넷 / 블루투스 museon internet bluetooth	無線電腦網絡 / 藍芽	無 線 電 腦 網 絡 / 藍 芽 wú xiàn diàn nǎo wǎng luò lán yá

韓國品牌

전자제품 電子商品

Hyundai

iriver

LG

Samsung

화장품 化妝品

Charmzone

Iope

Laneige

Mamonde

Míssha

Skin food

THEFACESHOP

자동차 車

GM DAEWOO

HYUNDAI

KIA MOTORS

Renault Samsung Motors

SsangYong Motors

8 교통 交通

한국어	廣東話	普通話
택시 타기 搭的士 / 打的		CH08_01
택시 taxi	的士	出 租 車 chū zū chē
어디로 가세요？ eodiro gaseyo	去邊呀？	你 去 哪？ nǐ qù nǎ
공항으로 가 주세요 gonghang-euro ga juseyo	去機場吖，唔該	去 機 場 qù jī chǎng
이 주소로 가 주세요 i jusoro ga juseyo	去呢個地址度	去 這 個 地 址 那 裏 qù zhè gè dì zhǐ nà lǐ
이 호텔로 데려다 주세요 i hotello deryeoda juseyo	車我去呢間酒店	載 我 去 這 間 酒 店 zài wǒ qù zhè jiān jiǔ diàn
쇼핑 지역에 가려고 해요 shopping jiyeoge garyeogo haeyo	我想去購物區	我 想 去 購 物 區 wǒ xiǎng qù gòu wù qū
술집이나 앉아서 뭘 좀 마실 suljibina anjaseo mwol jom masil 수 있는 데 어딘지 아세요？ su itneun de eodinji aseyo	你知唔知邊度有酒吧或者可以飲嘢嘅地方？	你 知 不 知 道 哪 裏 nǐ zhī bù zhī dào nǎ lǐ 有 酒 吧 或 者 可 以 yǒu jiǔ bā huò zhě kě yǐ 坐 下 來 喝 點 東 西 zuò xià lái hē dianr dōng xi 的 地 方？ de dì fang
나를 데리고 다니며 이 도시를 nareul derigo danimyeo i dosireul 구경 시켜줄 수 있어요？ gugyeong sikyeojul su isseoyo	你可唔可以兜我遊覽下呢個城市？	你 可 不 可 以 帶 我 nǐ kě bù kě yǐ dài wǒ 遊 覽 一 下 這 個 城 市？ yóu lǎn yī xià zhè ge chéng shì

한국어	廣東話	普通話
가까운 길로 가 주세요 / gakkaun gillo ga juseyo 지름길로 가 주세요 jireumgillo ga juseyo	行條短啲嘅路 / 快啲嘅路	走 那 些 近 的 路 / 快 些 的 路 zǒu nà xiē jìn de lù kuài xiē de lù
왼쪽으로 가세요 / oenjjogeuro gaseyo 오른쪽으로 가세요 oreunjjogeuro gaseyo	轉左 / 轉右	向 左 轉 / 向 右 轉 xiàng zuó zhuǎng xiàng yòu zhuǎng
곧장 가세요 gotjang gaseyo	直去	直 走 zhí zǒu
여기서 기다려 주세요 yeogiseo gidaryeo juseyo	喺呢度等我，唔該	請 在 這 裏 等 我 qǐng zài zhè lǐ děng wǒ
여기 차 세울 수 없어요 yeogi cha se-ul su eopseoyo	我唔可以喺度停畀你	我 不 能 在 這 裏 停 車 wǒ bù néng zài zhè lǐ tíng chē
여기 세워 주세요 yeogi sewo juseyo	喺度停啦	在 這 裏 停 下 zài zhè lǐ tíng xià
50원이에요 osibwon ieyo	50 圜 (₩)	50 韓 圜 wǔshí hán yuán
잔돈 필요 없어요 jandon piryo eopseoyo	唔駛找	不 用 找 了 bù yòng zhǎo le
천천히 가 주세요 cheoncheonhi gajuseyo	你可唔可以揸慢啲呀？	你 可 不 可 以 開 慢 點 ? nǐ kě bù kě yǐ kāi màn diǎnr

한국어	廣東話	普通話
좀 빨리 가 주세요 jom ppalli ga juseyo	你可唔可以揸快少少呀？	你 可 不 可 以 開 快 nǐ kě bù kě yǐ kāi kuài 點？ dianr
늦겠어요 neutgesseoyo	我遲到啦	我 快 遲 到 了 wǒ kuài chí dào le
제가 시간이 없어요, jega sigani eopseoyo 아주 중요한 약속이 있어요 aju jung-yohan yaksogi isseoyo	我趕時間，我有個好重要嘅約會	我 很 急 ， 我 有 一 wǒ hěn jí wǒ yǒu yī 個 很 重 要 的 約 會 gè hěn zhòng yào de yuē huì
버스 타기 搭巴士 / 坐公車		CH08_02
우리 버스 타요? uri bus tayo	我哋搭巴士吖？	我 們 坐 公 車 嗎？ wǒ men zuò gōng chē ma
... 번 버스를 어디에서 타요？ beon bus reul eodieseo tayo	我可以喺邊度搭到 ...（路線編號）號巴士？	我 在 哪 裏 可 以 坐 wǒ zài nǎ lǐ kě yǐ zuò ...（路線編號） 號 公 車？ hào gōng chē
실례지만, 이 버스가 ... 에 sillyejiman i busga e 가나요？ ganayo	唔好意思，我想問下呢架巴士係咪去 ...？	對 不 起 ， 請 問 你 這 duì bù qǐ qǐng wèn nǐ zhè 輛 公 車 是 不 是 去 ...？ liàng gōng chē shì bù shì qù
— 시내 sinae	— 市中心	— 市 中 心 shì zhōng xīn
— 학교 hakgyo	— 學校	— 學 校 xué xiào
네, 여기에서 기다리세요 ne yeogieseo gidariseyo	係呀，喺呢度等啦	是 呀 ， 在 這 裏 等 shì ya zài zhè lǐ děng

한국어	廣東話	普通話
제가 가려는 곳은 여기에 써 있어요 jega garyeoneun goseun yeogie sseo isseoyo	目的地寫咗喺度	目 的 地 已 寫 在 這 兒 mù dì dì yǐ xiě zài zhèr
막 차가 몇 시에 있어요 ? mak chaga myeot sie isseoyo	最後一班車喺幾多點 ?	最 後 一 班 車 在 何 時 開 出 ? zuì hòu yī bān chē zài hé shí kāi chū
차비가 얼마예요 ? chabiga eolmayeyo	要畀幾多錢 ?	車 票 多 少 錢 ? chē piào duō shǎo qián
어디에서 차표를 사요 ? eodieseo chapyoreul sayo	我可以喺邊度買到飛 ?	我 可 以 在 哪 裏 買 車 票 ? wǒ kě yǐ zài nǎ lǐ mǎi chē piào
죄송한데요. 오해가 좀 있는 것 같아요 joesonghandeyo ohaega jom itneun geot gatayo	唔好意思，我諗你有啲誤會	不 好 意 思 ， 我 想 你 有 些 誤 會 bù hǎo yì sī wǒ xiǎng nǐ yǒu xiē wù huì
(운전기사에게) 죄송합니다, 제가 어디서 내려야 되는지 좀 알려 주세요 joesonghamnida jega eodiseo naeryeoya doeneunji jom allyeo juseyo	(同司機講) 唔好意思，你可唔可以話我知應該喺邊落車 ?	(跟司機説) 不 好 意 思 ， 你 可 不 可 以 告 訴 我 應 該 在 哪 裏 下 車 ? bù hǎo yì sī nǐ kě bù kě yǐ gào sù wǒ yīng gāi zài nǎ lǐ xià chē
이 표는 보관하셨다가 표 검사원에게 보이세요 i pyoneun bogwanhasyeotdaga pyo geomsawonege boiseyo	要留番張飛畀查飛員檢查	要 留 下 這 張 車 票 讓 查 票 員 檢 查 yào liú xià zhè zhāng chē piào ràng chá piào yuán jiǎn chá

한국어	廣東話	普通話
잔돈이 없어요 jandoni eopseoyo	我 無 散 紙	我 沒 有 零 錢 wǒ méi yǒu líng qián
여기서 내리세요 yeogiseo naeriseyo	你 喺 呢 度 落 車	你 在 這 裏 下 車 nǐ zài zhè lǐ xià chē
빨리 내리세요 ppalli naeriseyo	你 就 快 落 車 啦	你 快 要 下 車 nǐ kuài yào xià chē
... 에 가려고 해요 e garyeogo haeyo	我 想 去 ...	我 想 去 ... wǒ xiǎng qù
거기는 여기서 먼가요? geogineun yeogiseo meongayo	嗰 度 離 呢 度 遠 唔 遠 架?	那 裏 離 這 裏 遠 不 遠? nà lǐ lí zhè lǐ yuǎn bù yuǎn
세워 주세요! sewo juseyo	停 車!	停 車! tíng chē
왜 여기서 서요? wae yeogiseo seoyo	點 解 我 哋 喺 度 停 嘅?	為 甚 麼 我 們 在 這 裏 停 下 來? wèi shén me wǒ men zài zhè lǐ tíng xià lái
무슨 문제가 있어요? museun munjega isseoyo	有 咩 問 題 呀?	有 甚 麼 問 題? yǒu shén me wèn tí
창문 좀 열어도 돼요? changmun jom yeoreodo dwaeyo	我 可 唔 可 以 開 窗?	我 可 不 可 以 開 窗? wǒ kě bù kě yǐ kāi chuāng
죄송합니다, 창문 좀 닫아 주세요 joesonghamnida changmun jom dada juseyo	唔 該, 你 可 唔 可 以 閂 咗 個 窗?	對 不 起, 你 可 不 可 以 關 上 那 個 窗? duì bù qǐ nǐ kě bù kě yǐ guān shàng nà ge chuāng

한국어	廣東話	普通話
렌터카 租車		CH08_03
차를 빌리려고 하는데요 chareul billiryeogo haneundeyo	我想租架車	我 想 租 一 輛 車 wǒ xiǎng zū yī liàng chē
사인승 / 오인승 차를 sainseung oinseung chareul 빌리려고 합니다 billiryeogo hamnida	我想租一部 4人/5人嘅車	我 想 租 一 輛 4 人/ wǒ xiǎng zū yī liàng sì rén 5 人 車 wǔ rén chē
삼 일/ 일 주일 빌리려고 해요 sam il il juil billiryeogo haeyo	我想租3日/一個 禮拜	我 想 租 3 天/一 個 wǒ xiǎng zū sān tiān yī ge 星 期 xīng qī
자동기어 차 한 대 jadonggi-eo cha han dae 빌리려고 해요 billiryeogo haeyo	我想要一部自動 波嘅車	我 想 要 一 輛 自 動 wǒ xiǎng yào yī liàng zì dòng 檔 的 車 dǎng de chē
... 에 얼마예요 ? e eolmayeyo －하루 haru －1키로 il kiro	租 ... 幾多錢？ －一日 －一公里	租 ... 多 少 錢？ zū duō shǎo qián － 一 天 yī tiān － 一 公 里 yī gōng lǐ
보증금은 얼마예요 ? bojeung-geumeun eolmayeyo	保證金要幾多錢 呀？	保 證 金 多 少 錢？ bǎo zhèng jīn duō shǎo qián
보험료는 얼마예요 ? boheomryoneun eolmayeyo	保險要幾多錢呀？	保 險 多 少 錢？ báo xiǎn duō shǎo qián
무슨 증명서가 필요하지요 ? museun jeungmyeongseoga piryohajiyo	我需要畀咩證件 呀？	我 需 要 提 供 甚 麼 證 wǒ xū yào tí gōng shèn me zhèng 件？ jiàn

한국어	廣東話	普通話
이 도시 지도 있어요? i dosi jido isseoyo	你有無呢個城市嘅地圖?	你 有 這 城 市 的 地 圖 嗎? nǐ yǒu zhè chéng shì de dì tú ma
제일 가까운 주유소가 어디에 있어요? jeil ga-kkaun juyusoga eodie isseoyo	請問最近嘅油站喺邊?	請 問 最 近 的 油 站 在 哪 裏? qǐng wèn zuì jìn de yóu zhàn zài nǎ lǐ
휘발유 1리터에 얼마예요? hwibaryu il riteo-e eolmayeyo	一公升汽油幾多錢?	一 公 升 汽 油 多 少 錢? yī gōng shēng qì yóu duō shǎo qián
가득 넣어 주세요 gadeuk neo-eo juseyo	入滿佢吖唔該	請 加 滿 油 qǐng jiā mǎn yóu
고급, 무연 어느 걸로 넣어 드려요? gogeub muyeon eoneu geollo neo-eo deuryeoyo	超勁、超級定係無鉛汽油?	超 勁 、 超 級 還 是 無 鉛 汽 油? chāo jìn chāo jí hái shì wú qiān qì yóu
... 좀 검사해 주세요 jom geomsahae juseyo	你可唔可以檢查下...?	你 可 不 可 以 檢 查 一 下 ...? ní kě bù kě yǐ jiǎn chá yí xià
– 물통 multong	– 水箱	– 水 箱 shuǐ xiāng
– 라디에터 radiator	– 散熱器	– 散 熱 器 sàn rè qì
– 기름이 충분한지 gireumi chungbunhanji	– 夠唔夠油	– 夠 不 夠 油 gòu bù gòu yóu
– 배터리 battery	– 電池	– 電 池 diàn chí
– 브레이크 brake	– 煞車掣	– 煞 車 掣 shā chē zhì

한국어	廣東話	普通話
–카뷰레터 carburetor	–化油缸	–化 油 缸 huà yóu gāng
–에어콘 e-eokon	–冷氣機	–空 調 kōng tiáo
–페달 pedal	–腳掣	–踏 板 tà bǎn
–드라이브 drive	–驅動器	–驅 動 器 qū dòng qì
–오일 탱크 oil tank	–油箱	–油 箱 yóu xiāng
–스파크 프러그 spakeu peureogeu	–火咀	–阻 塞 門 zǔ sāi mén
–스페어 타이어 spare tire	–士啤呔	–後 備 車 胎 hòu bèi chē tāi

지하철 타기 搭地鐵 / 乘地鐵

CH08_04

한국어	廣東話	普通話
서울에 지하철 있어요? seoule jihacheol isseoyo	喺首爾有無地鐵?	首 爾 有 沒 有 地 鐵? shǒu ěr yǒu méi yǒu dì tiě
물론 있지요 mullon itjiyo	梗係有啦!	當 然 有! dāng rán yǒu
종점이 어디예요? jongjeomi eodiyeyo	總站喺邊呀?	總 站 在 哪 裏? zǒng zhàn zài ná lǐ
지하철 노선이 여러 개 있지만 jihachel noseoni yeoreo gae itjiman 그리 복잡하지 않아요 geuri bokjapaji anayo	地鐵有幾條線,唔係好複雜嘅	地 鐵 有 幾 條 線, dì tiě yǒu jǐ tiáo xiàn 不 是 太 複 雜 的 bú shì tài fù zá de
빨라요? ppallayo	快唔快架?	快 不 快? kuài bù kuài
빨라요 ppallayo	快呀!	快 呀! kuài ya

한국어	廣東話	普通話
표나 패스를 사야 하나요? pyona pass reul saya hanayo	駛唔駛買飛或者套票?	要 不 要 買 車 票 或 者 套 票? yào bù yào mǎi chē piào huò zhě tào piào
네, 표나 교통카드를 사야 해요 ne pyona gyotong card reul saya haeyo	要呀，你要買飛或者卡(儲值卡)	要 呀 ， 你 要 買 車 票 或 者 卡(儲值卡) yào ya nǐ yào mǎi chē piào huò zhě kǎ
배 타기 搭船 / 乘船		CH08_05
부두에서 budueseo	喺碼頭	在 碼 頭 zài mǎ tóu
배를 타려고 하는데요 baereul taryeogo haneundeyo	我想去搭船	我 想 乘 船 wǒ xiǎng chéng chuán
저 배는 몇 시에 떠나요? jeo baeneun myeot sie tteonayo	架船幾點開架?	那 船 何 時 開 出? nà chuán hé shí kāi chū
저 배는 어디에서 출발해요? jeo baeneun eodieseo chulbalhaeyo	隻船喺邊個碼頭開走?	那 船 在 哪 個 碼 頭 開 出? nà chuán zài nǎ ge mǎ tóu kāi chū
파도가 너무 센 거 아닌가요? padoga neomu sen geo aningayo	個海好大浪，係唔係?	海 浪 很 大 ， 不 是 嗎? hǎi làng hěn dà bù shì ma
저는 배멀미를 해요 jeoneun baemeolmireul haeyo	我暈船浪呀	我 暈 船 呀 wǒ yūn chuán ya

한국어	廣東話	普通話
저 배는 어디까지 jeo baeneun eodikkaji 가나요 ? ganayo	隻船喺邊度停？	那 船 會 停 在 哪 裏 ？ nà chuán huì tíng zài nǎ lǐ
서울에서 유람선을 탈 수 seoul eseo yuramseoneul tal su 있어요 isseoyo	喺首爾，你可以搭遊覽船	在 首 爾 ， 你 可 以 zài shǒu ěr nǐ kě yǐ 乘 遊 覽 船 chéng yóu lǎn chuán
즐거운 여행 하세요 ! jeulgeoun yeohaeng haseyo	旅途愉快！	旅 途 愉 快！ lǚ tú yú kuài

비행기 탑승 搭飛機 / 乘飛機

CH08_06

한국어	廣東話	普通話
실례지만, 대한항공/ sillyejiman daehan hanggong 케세이 퍼시픽항공 카운터가 cathay pacific hanggong counter ga 어디예요 ? eodiyeyo	唔好意思，我想搵大韓航空 / 國泰航空個櫃位	對 不 起 ， 我 想 找 duì bù qǐ wǒ xiǎng zhǎo 大 韓 航 空 / 國 泰 航 dà hán háng kōng guó tài háng 空 的 櫃 位 kōng de guì wèi
비행기 표를 잃어 버렸어요 bihaenggi pyoreul ireo beoryeosseoyo	我唔見咗張機票！	我 丟 了 我 的 機 票！ wǒ diū le wǒ de jī piào
이 비행기 자리 하나 i bihaeng-gi jari hana 예약하려고 하는데요 yeyakaryeogo haneundeyo	我想喺呢班機訂一個位	我 想 在 這 班 飛 機 wǒ xiǎng zài zhè bān fēi jī 訂 一 個 位 dìng yī ge wèi
이 비행기 시간에 맞춰 올 i bihaenggi sigane matchwo ol 수가 없는데요 suga eopneundeyo	我趕唔切搭呢班機	我 趕 不 上 這 班 飛 機 wǒ gǎn bù shàng zhè bān fēi jī

한국어	廣東話	普通話
... 에 가는 다음 비행기는 e ganeun da-eum bihaeng-gineun 몇 시에 떠나요 ? myeot sie tteonayo	下一班去...(地點) 嘅機幾時飛呀？	下 一 班 往 ...(地點) 的 飛 xià yī bān wǎng de fēi 機 何 時 起 飛？ jī hé shí qǐ fēi
...에 가는 비행기 좌석을 e ganeun bihaenggi jwaseogeul 취소하려고 합니다 chwisoharyeogo hamnida	我想取消我班 去...(地點)嘅機位	我 想 取 消 往 ...(地點) wǒ xiǎng qǔ xiāo wǎng 航 班 的 機 位 háng bān de jī wèi
비행기 예약 일자 / 시간을 bihaeng-gi yeyak ilja siganeul 바꾸려고 합니다 bakkuryeogo hamnida	我想改我班機個 日期 / 時間	我 想 更 改 我 航 班 wǒ xiǎng gēng gǎi wǒ háng bān 的 日 期 / 時 間 de rì qī shí jiān
3일 일찍 떠나려고 합니다 sam il iljjik tteonaryeogo hamnida	我想早三日飛	我 想 早 三 天 離 開 wǒ xiǎng zǎo sān tiān lí kāi
일주일 일찍 떠나려고 합니다 iljuil iljjik tteonaryeogo hamnida	我想早一個星 期飛	我 想 早 一 星 期 離 開 wǒ xiǎng zǎo yī xīng qī lí kāi
목적지를 바꾸려고 합니다 mokjeokjireul bakkuryeogo hamnida	我想改目的地	我 想 更 改 目 的 地 wǒ xiǎng gēng gǎi mù dì dì
이코노미석 / 일등석 한 장 iconomiseok ildeungseok han jang 사려고 합니다 saryeogo hamnida	我想要一張經濟 客位嘅機票 / 頭 等機票	我 想 要 一 張 經 濟 艙 wǒ xiǎng yào yī zhāng jīng jì cāng 的 機 票 / 頭 等 機 票 de jī piào tóu děng jī piào
몇 시까지 공항에 와야 myeot sikkaji gonghang-e waya 합니까 ? hamnikka	我要幾多點到機 場？	我 需 要 幾 點 到 機 wǒ xū yào jǐ diǎn dào jī 場？ chǎng

한국어	廣東話	普通話
다시 비행기 예약 확인 dasi bihaeng-gi yeyak hwagin 해야 합니까? haeya hamnikka	我駛唔駛再確定個機位?	我 需 不 需 要 再 確 認 我 的 航 班? wǒ xū bù xū yào zài què rèn wǒ de háng bān

韓國交通資訊

택시 計程車

韓國的計程車分為大型計程車、模範計程車(黑色)和一般計程車(灰色)三種。一般計程車在2公里內的基本收費為1,900韓圜,每144米或35秒加收100韓圜;大型計程車和模範計程車收費一樣,在3公里內基本收費為4,500韓圜,每164米或39秒加收200韓圜。車頂及車身有「TAXI」標識。除了司機以外可坐8位乘客的大型計程車,為方便乘客,裏面設有電話電召系統,同聲翻譯系統,並可發出收據,還可使用信用卡付款。由於精通外語的司機甚少,因此上車前不妨出示韓文寫成的地圖,或以中文書寫目的地的紙條。在市區欲乘計程車,可利用黃色的計程車專用車站,或在路邊揮手招車。若想電召計程車,打02-992-7000或02-888-2000告訴出發點和目的地即可。乘計程車時通常不需支付小費,但是協助乘客搬運行李或熱心服務、待人親切的司機,不妨給予小費,以表謝意。

서울고속버스 터미널 首爾高速巴士客運站

首爾高速巴士客運站營運首爾和釜山之間的京釜線,及通向韓半島東部的東海線巴士;但前往全羅道的湖南線則在旁邊Central City客運站內。所以買票前,要先弄清楚目的地在哪裏,才選擇客運站。從京釜高速巴士客運站到旁邊的Central City客運站,只需步行5分鐘。

地址:首爾市瑞草區盤浦洞19-4

查詢電話:+82-2-535-4151

서울 지하철요금 首爾地鐵票價

每12公里的基本費用	交通卡	現金
20歲或以上	900韓圜	1,000韓圜
13-19歲	720韓圜(成人費用的80%)	1,000韓圜(以現金付款無青年優惠)
6-12歲	450韓圜(成人費用的50%)	500韓圜(成人費用的50%)

9 의료 서비스 醫療服務

한국어	廣東話	普通話
약국 藥房		CH09_01
... 에 좋은 약이 필요합니다 e joeun yagi piryohamnida	我想要啲藥醫...	我 想 要 一 些 藥 品 wǒ xiǎng yào yī xiē yào pǐn 來 醫 治 ... lái yī zhì
— 감기 gamgi	— 傷風	— 傷 風 shāng fēng
— 기침 gichim	— 咳	— 咳 嗽 ké sòu
— 어지러움 eojireoum	— 頭暈	— 頭 暈 tóu yūn
— 차멀미 chameolmi	— 暈車浪	— 暈 車 yūn chē
— 위통 witong	— 胃痛	— 胃 痛 wèi tòng
이런 약은 의사 허락이 ireon yageun uisa heoragi 필요한가요 ? piryohan-gayo	呢隻藥要唔要醫生批准先用得?	這 種 藥 是 不 是 要 zhè zhǒng yào shì bù shì yào 醫 生 批 准 才 能 買 ? yī shēng pī zhǔn cái néng mǎi
... 주세요 juseyo	我想要...	我 想 要 ... wǒ xiǎng yào
— 알코올 alcohol	— 酒精	— 酒 精 jiǔ jīng
— 아스피린 aspirin	— 阿士匹靈	— 阿 斯 匹 靈 ā sī pǐ líng
— 약솜 yaksom	— 棉花	— 棉 花 mián huā
— 기침약 gichimyak	— 止咳水	— 止 咳 水 zhǐ ké shuǐ
— 과산화수소수 gwasanhwasusosu	— 雙氧水	— 雙 氧 水 shuāng yǎng shuǐ

한국어	廣東話	普通話
– 귀약 gwiyak	– 耳藥水	– 耳 藥 水 ěr yào shuǐ
– 안약 anyak	– 眼藥水	– 眼 藥 水 yǎn yào shuǐ
– 설사약 seolsayak	– 瀉藥	– 瀉 藥 xiè yào
– 소독 타월 sodok towel	– 消毒毛巾	– 消 毒 毛 巾 xiāo dú máo jīn
– 진정제 jinjeongje	– 鎮靜劑	– 鎮 靜 劑 zhèn jìng jì
– 수면제 sumyeonje	– 安眠藥	– 安 眠 藥 ān mián yào
– 목사탕 mok satang	– 喉糖	– 喉 糖 hóu táng
진료 睇醫生 / 看醫生		CH09_02
의사 좀 불러 주세요 uisa jom bulleo juseyo	可唔可以幫我搵醫生？	可 不 可 以 給 我 找 個 醫 生？ kě bù kě yǐ gěi wǒ zhǎo ge yī shēng
여기 의사 있어요？ yeogi uisa isseoyo	呢度有無醫生？	這 裏 有 沒 有 醫 生？ zhè lǐ yǒu méi yǒu yī shēng
의사 좀 빨리 불러 주세요 uisa jom ppalli bulleo juseyo	唔該快啲搵醫生嚟	請 快 點 找 醫 生 來 qǐng kuài diǎn zhǎo yī shēng lái
병원이 어디에 있어요？ byeong-woni eodie isseoyo	邊度有醫務所？	哪 裏 有 診 所？ ná lǐ yǒu zhěn suǒ
진찰은 몇 시에 시작하나요？ jinchareun myeot sie sijakanayo	幾點開始睇症？	甚 麼 時 候 開 始 看 病？ shén me shí hòu kāi shǐ kàn bìng

한국어	廣東話	普通話
의사가 출장 진료도 하나요? uisaga chuljang jillyodo hanayo	啲醫生會唔會出外應診?	醫 生 會 不 會 外 出 yī shēng huì bù huì wài chū 聽 診? tīng zhěn
의사가 몇 시에 돌아 옵니까? uisaga myeot sie dora omnikka	醫生幾點嚟呀?	醫 生 甚 麼 時 候 回 yī shēng shén me shí hòu huí 來 呀? lái ya
... 좀 불러 주세요 jom bulleo juseyo	可唔可以幫我搵個 ...	可 不 可 以 給 我 找 個 ... kě bù kě yǐ géi wǒ zhǎo ge
– 일반 의사 ilban uisa	– 普通科醫生	– 普 通 科 醫 生 pǔ tōng kē yī shēng
– 소아과 의사 soagwa uisa	– 兒科醫生	– 兒 科 醫 生 ér kē yī shēng
– 안과 의사 an-gwa uisa	– 眼科醫生	– 眼 科 醫 生 yǎn kē yī shēng
– 산부인과 의사 sanbuin-gwa uisa	– 婦科醫生	– 婦 科 醫 生 fù kē yī shēng
– 이비인후과 의사 ibiinhugwa uisa	– 耳鼻喉科醫生	– 耳 鼻 喉 科 醫 生 ěr bí hóu kē yī shēng
– 물리 치료사 mulli chiryosa	– 物理治療師	– 物 理 治 療 師 wù lǐ zhì liáo shī
– 류머티즘 의사 rheumatism uisa	– 風濕科醫生	– 風 濕 科 醫 生 fēng shī kē yī shēng
... 예약할 수 있어요? yeyakal su isseoyo	我可唔可以約 ...?	我 可 不 可 以 預 約 ...? wǒ kě bù kě yǐ yù yuē
– 내일 / 가능한한 빨리 naeil ganeunghanhan ppalli	– 聽日 / 越早越好	– 明 天 / 越 早 越 好 míng tiān yuè zǎo yuè hǎo

한국어	廣東話	普通話
신체 명칭 身體各部分		CH09_03
복부 bokbu	腹部	腹 部 fù bù
장 jang	腸	腸 cháng
혈관 hyeolgwan	血管	血 管 xuè guǎn
팔 pal	臂	臂 bì
입 ip	口	口 kǒu
머리카락 meorikarak	頭髮	頭 髮 tóu fà
심장 simjang	心臟	心 臟 xīn zàng
늑골 neukgol	肋骨	肋 骨 lèi gǔ
목 mok	頸	頸 jǐng
팔꿈치 palkkumchi	手踭	手 肘 shǒu zhǒu
허벅지 heobeokji	大髀	大 腿 dà tuǐ
이 i	牙	牙 齒 yá chǐ
손가락 son-garak	手指	手 指 shǒu zhǐ

한국어	廣東話	普通話
등 deung	背脊	背 脊 bèi jǐ
어깨 eokkae	膊頭	肩 膀 jiān bǎng
위 wi	胃	胃 wèi
간 gan	肝	肝 gān
무릎 mureup	膝頭	膝 蓋 xī gài
엉덩이 eongdeong-i	屁股	屁 股 pì gǔ
발 bal	腳	腳 jiǎo
혀 hyeo	脷	舌 頭 shé tóu
입술 ipsul	唇	唇 chún
턱 teok	顎	顎 è
근육 geunyuk	肌肉	肌 肉 jī ròu
신경선 sin-gyeongseon	神經線	神 經 線 shén jīng xiàn
코 ko	鼻	鼻 bí
귀 gwi	耳	耳 ěr

한국어	廣東話	普通話
발가락 balgarak	腳趾	腳 趾 jiǎo zhǐ
뼈 ppyeo	骨頭	骨 頭 gǔ tóu
발바닥 balbadak	腳板	腳 板 jiáo bǎn
가슴 gaseum	心口	胸 口 xiōng kǒu
폐 pye	肺	肺 fèi
피 pi	血	血 xuè
유방 yubang	乳房	乳 房 rǔ fáng
인대 indae	韌帶	韌 帶 rèn dài
눈 nun	眼	眼 睛 yǎn jīng
병 / 통증 唔舒服 / 痛症		CH09_04
아픈 것 같아요 apeun geot gatayo	我覺得唔舒服	我 覺 得 身 體 不 對 勁 wǒ jué de shēn tǐ bù duì jìn
병에 걸렸어요 byeong-e geollyeosseoyo	我病呀	我 病 了 wǒ bìng le
여기가 아파요 yeogiga apayo	我呢度唔舒服	我 這 裏 不 舒 服 wǒ zhè lǐ bù shū fu
... (신체 한 부분) 아파요 apayo	我 ... (身體某部分) 唔舒服	我 ... (身體某部分) 不 舒 服 wǒ bù shū fu

한국어	廣東話	普通話
두통이 있어요 dutong-i isseoyo	我頭痛	我 頭 痛 wǒ tóu tòng
등이 아파요 deung-i apayo	我背脊痛	我 背 痛 wǒ bèi tòng
열이 있어요 yeori isseoyo	我發燒	我 發 燒 wǒ fā shāo
목이 아파요 mogi apayo	我喉嚨痛	我 喉 嚨 痛 wǒ hóu lóng tòng
변비예요 byeonbiyeyo	我便秘	我 便 秘 wǒ biàn mì
토했어요 tohaesseoyo	我嘔呀	我 嘔 吐 wǒ ǒu tù
어지러워요 eojireowoyo	我頭暈	我 頭 暈 wǒ tǒu yūn
저는 / 그는 / 당신들은...있어요 jeoneun geuneun dangsindeureun isseoyo	我 / 佢 / 你哋有...	我 / 他 / 你 們 有 ... wǒ tā nǐ men yǒu
– 천식 cheonsik	– 哮喘	– 哮 喘 xiāo chuǎn
– 감기 gamgi	– 傷風	– 傷 風 shāng fēng
– 설사 seolsa	– 肚瀉	– 腹 瀉 fù xiè
– 치질 chijil	– 痔瘡	– 痔 瘡 zhì chuāng
– 소화 불량 sohwa bullyang	– 消化不良	– 消 化 不 良 xiāo huà bù liáng
– 염증 yeomjeung	– 發炎	– 發 炎 fā yán

한국어	廣東話	普通話
– 류마티즘 rheumatism	– 風濕	– 風 濕 fēng shī
– 목이 뻣뻣한 증세 mogi ppeotppeotan jeungse	– 頸梗	– 脖 子 堅 硬 bo zi jiān yìng
– 궤양 gweyang	– 潰瘍	– 潰 瘍 kuì yáng
별 이상이 없는 것 byeol isang-i eopneun geot 같습니다 gatseumnida	我估無乜事嘅	我 相 信 沒 有 甚 麼 wǒ xiāng xìn méi yǒu shén me 大 礙 dà ài
어디가 불편하세요 ? eodiga bulpyeonhaseyo	邊度唔舒服 ?	哪 裏 感 到 不 對 勁 ? nǎ lǐ gǎn dào bú duì jìn
얼마동안 아팠어요 ? eolmadong-an apasseoyo	痛咗幾耐呀 ?	你 痛 了 多 久 ? nǐ tòng le duō jiǔ
저기에 누우세요 jeogie nuuseyo	瞓低喺度啦	請 躺 在 那 裏 qíng tǎng zài nà lǐ
입을 크게 벌리세요 ibeul keuge beolliseyo	擘大口	張 大 口 zhāng dà kǒu
심호흡을 하세요 simhoheubeul haseyo	深呼吸	深 呼 吸 shēn hū xī
먼저 체온을 재겠습니다 meonjeo che-oneul jaegetseumnida	我幫你探下熱先	我 給 你 先 量 體 溫 wǒ gěi nǐ xiān liáng tǐ wēn
혈압을 재겠습니다 hyeorabeul jaegetseumnida	我幫你量下血壓	我 給 你 量 血 壓 wǒ géi nǐ liáng xuè yā

한국어	廣東話	普通話
전에 이런 적 있었어요 ? jeone ireon jeok isseosseoyo	以前有無試過咁呀？	以 前 有 沒 有 試 過 這 樣 ? yi qián yǒu méi yǒu shì guò zhè yàng
주사를 놓겠습니다 jusareul noketsseumnida	我幫你打針先	我 先 給 你 打 針 wǒ xiān géi nǐ dǎ zhēn
소변 검사를 하겠습니다 sobyeon geomsareul hagetseumnida	我幫你驗尿先	我 先 幫 你 驗 尿 wǒ xiān bāng nǐ yàn niào
별 이상 없습니다 byeol isang eopseumnida	無乜大礙嘅	沒 有 甚 麼 大 礙 méi yǒu shén me dà ài
2, 3 일 푹 쉬어야 합니다 i samil puk swi-eoya hamnida	你要好好地抖番兩三日	你 要 好 好 地 休 息 兩 三 天 nǐ yào hǎo hǎo de xīu xī liǎng sān tiān
당신은 ... 입니다 dangsineun imnida	你有...	你 有 ... nǐ yǒu
– 관절염 gwanjeoryeom	– 關節炎	– 關 節 炎 guān jié yán
– 감기 gamgi	– 感冒	– 感 冒 gǎn mào
– 맹장염 maengjangyeom	– 盲腸炎	– 盲 腸 炎 máng cháng yán
이것은 장염 증상입니다 igeoseun jang-yeom jeungsang-imnida	呢啲係腸胃炎嘅徵狀	這 是 腸 胃 炎 的 症 狀 zhè shì cháng wèi yán de zhèng zhuàng

한국어	廣東話	普通話
당신은 술을 / 담배를 dangsineun sureul dambaereul 너무 많이 합니다 neomu mani hamnida	你飲酒/食煙太多啦	你 喝 太 多 酒/抽 太 nǐ hē tài duō jiǔ chōu tài 多 煙 了 duō yān le
당신은 탈진했습니다, dangsineun taljinhaetseumnida 충분한 휴식이 필요합니다 chungbunhan hyusigi piryohamnida	你透支過度，要好好休息番下	你 已 經 虛 脱 ， nǐ yǐ jīng xū tuō 需 要 好 好 地 休 息 xū yào hǎo hǎo de xiū xī
종합 검사를 해야 합니다 jonghap geomsareul haeya hamnida	要做個全身檢查先	你 要 先 做 一 個 全 nǐ yào xiān zuò yí gè quán 身 檢 查 shēn jiǎn chá
항생제를 드리겠습니다 hangsaengjereul deurigetseumnida	我開隻抗生素畀你	我 給 你 開 一 種 抗 wǒ géi nǐ kāi yī zhǒng kàng 生 素 shēng sù
저는 당뇨병이 있어요 jeneun dangnyobyeong-i isseoyo	我有糖尿病	我 有 糖 尿 病 wǒ yǒu táng niào bìng
저는 심장병이 있어요 jeoneun simjangbyeong-i isseoyo	我有心臟病	我 有 心 臟 病 wǒ yǒu xīn zàng bìng
제 심장병이 je simjangbyeong-i 발작했어요 baljakaesseoyo	我心臟病發	我 心 臟 病 發 作 wǒ xīn zàng bìng fā zuò
... 에 민감해요 e min-gamhaeyo	我對 ... (食物/東西) 敏感	我 對 ... (食物/東西) 敏 感 wǒ duì mǐn gǎn
임신중이에요 imsinjung-ieyo	我有咗BB	我 懷 孕 了 wǒ huái yùn le

한국어	廣東話	普通話
출산 예정일이 언제예요? chulsan yejeong-iri eonjeyeyo	預產期幾時呀?	何 時 是 預 產 期? hé shí shì yù chǎn qī
여행할 수 있어요? yeohaenghal su isseoyo	我可唔可以去旅行?	我 可 不 可 以 去 旅 行? wǒ kě bù kě yǐ qù lǚ xíng
당신은 ... 전에 dangsineun jeone 여행하면 안 됩니다 yeohaenghamyeon an doemnida	你喺 ... (日期)之前唔可以去旅行	你 在 ... (日期) 之 前 不 可 nǐ zài zhī qián bù ké 以 去 旅 行 yǐ qù lǚ xíng
운동해도 되나요? undonghaedo doenayo	我可唔可以做運動?	我 可 不 可 以 做 運 動? wǒ kě bù kě yǐ zuò yùn dòng
인슐린 얼마나 사용하세요? insulin eolmana sayonghaseyo	你用幾多胰島素?	你 用 多 少 份 量 的 nǐ yòng duō shǎo fèn liàng de 胰 島 素? yí dǎo sù
주사요 아니면 약이요? jusayo animyeon yagiyo	注射定口服?	注 射 的 還 是 口 服 的? zhù shè de hái shì kǒu fú de
정기 검진을 받으시나요? jeonggi geomjineul badeusinayo	你有無定期檢查?	你 有 沒 有 定 期 檢 查? nǐ yǒu méi yǒu dìng qī jiǎn chá
한국에는 이 약이 없는데 han-gugeneun i yagi eomneunde 이 약과 비슷한 약을 드릴 i yakgwa biseutan yageul deuril 수 있습니다 su itsseumnida	我哋韓國無呢隻藥，不過我可以畀隻差唔多嘅你	在 韓 國 沒 有 這 種 zài hán guó méi yǒu zhè zhǒng 藥 ， 不 過 我 可 以 yào bù guò wǒ ké yǐ 給 你 另 一 種 差 不 géi nǐ lìng yī zhǒng chà bù 多 的 藥 duō de yào

한국어	廣東話	普通話
적당한 운동은 해도 되니다 jeokdanghan undong-eun haedo doemnida	你可以做適量嘅運動	你可以做適量運動 nǐ kě yǐ zuò shì liàng yùn dòng
부상 受傷		CH09_05
저는 ... 있습니다 jeoneun itseumnida	我有...	我有... wǒ yǒu
... 보이지요 ? bo-ijiyo	你見唔見到有...	你有沒有看到... nǐ yǒu méi yǒu kàn dào
– 물집 muljip	– 水泡	– 水泡 shuǐ pào
– 멍 meong	– 瘀傷	– 瘀傷 yū shāng
– 베인 상처 bein sangcheo	– 割傷	– 割傷 gē shāng
– 잘린 상처 jallin sangcheo	– 切傷	– 切傷 qiē shāng
– 화상 hwasang	– 燙傷	– 燙傷 tàng shāng
– 벌레에 물린 상처 beolle-e mullin sangcheo	– 蚊蟲咬傷	– 蚊蟲咬傷 wén chóng yǎo shāng
– 부어 오른 것 bu-eo oreun geot	– 腫咗	– 腫 zhǒng
– 붉은 반점 bulgeun banjeom	– 紅斑	– 紅斑 hóng bān
– 외상 oesang	– 皮外傷	– 皮外傷 pí wài shāng
– 중상 jungsang	– 傷得好嚴重 / 重傷	– 重傷 zhòng shāng
움직일 수 없어요 ... umjigil su eopseoyo	我郁唔到...	我不能動... wǒ bù néng dòng
너무 아파요 neomu apayo	好痛	好痛 hǎo tòng

한국어	廣東話	普通話
감염 됐어요 / 안 됐어요 gamyeom dwaesseoyo an dwaesseoyo	有 / 無 感 染	有 / 沒 有 感 染 yǒu méi yǒu gǎn rǎn
소염제 드리겠습니다 soyeomje deurigetseumnida	我 開 啲 消 炎 藥 畀 你	我 給 你 消 炎 藥 wǒ gěi nǐ xiāo yán yào
... 일 후에 재 진료 받으러 il hue jae jillyo badeureo 오세요 oseyo	... (數目) 日 之 後 番 嚟 覆 診	... (數目) 天 後 回 來 覆 診 tiān hòu huí lái fù zhěn
약 복용 開藥		CH09_06
무슨 약을 먹어야 해요? museun yageul meogeoya haeyo	要 食 啲 乜 嘢 藥?	要 吃 甚 麼 藥? yào chī shén me yào
하루에 몇 번 먹어요? harue myeot beon meogeoyo	每 日 要 食 幾 多 次?	每 天 要 吃 多 少 遍? měi tiān yào chī duō shǎo biàn
두 시간마다 세 티스푼 드세요 du siganmada se tea spoon deuseyo	每 隔 兩 個 鐘 頭 食 三 茶 匙	每 兩 個 小 時 吃 三 měi liǎng ge xiǎo shí chī sān 茶 匙 chá chí
이 알약은 하루에 세 번 혹은 i aryageun harue se beon hogeun 네 번 드세요 ne beon deuseyo	啲 藥 丸 每 日 食 三 至 四 次	這 些 藥 丸 每 天 吃 zhè xiē yào wán měi tiān chī 三 至 四 遍 sān zhì sì biàn
– 식전에 드세요 sikjeone deuseyo	– 飯 前 食	– 飯 前 吃 fàn qián chī
– 식후에 드세요 sikue deuseyo	– 飯 後 食	– 飯 後 吃 fàn hòu chī
– 식사와 식사 사이에 siksawa siksa saie 드세요 deuseyo	– 餐 與 餐 之 間 食	– 餐 與 餐 之 間 吃 cān yǔ cān zhī jiān chī

한국어	廣東話	普通話
—아침에 드세요 achime deuseyo —저녁에 드세요 jeonyeoge deuseyo	—朝早食 —夜晚食	— 早 上 吃 zǎo shàng chī — 晚 上 吃 wǎn shàng chī
치과 가기 睇牙醫 / 看牙醫		CH09_07
이가 아파요 iga apayo	我牙痛呀	我 有 點 牙 痛 wǒ yǒu diǎn yá tòng
혹시 좋은 치과 의사 알아요? hoksi jo-eun chigwa uisa arayo	你識唔識啲好嘅牙醫?	你 認 不 認 識 一 些 nǐ rèn bù rèn shi yī xiē 好 的 牙 科 醫 生? hǎo de yá kē yī shēng
... 의사를 만나려고 합니다 uisareul mannaryeogo hamnida	我想約見 ... 醫生	我 想 約 見 ... 醫 生 wǒ xiǎng yuē jiàn yī shēng
아주 급해요 aju geupaeyo	好急嘅	很 緊 急 的 hěn jǐn jí de
빨리 안 될까요? 너무 아파요 / ppalli an doelkkayo neomu apayo 치통이 너무 심해요 chitong-i neomu simhaeyo	我可唔可以早啲嚟? 我好唔舒服 / 我啲牙好痛	我 可 不 可 以 早 一 wǒ kě bù kě yǐ zǎo yī 點 來? 我 很 不 舒 服 / dianr lái wǒ hěn bù shū fú 我 的 牙 齒 很 痛 wǒ de yá chǐ hěn tòng
염증이 생겼나요? yeomjeung-i saenggyeotnayo	係咪發炎呀?	是 不 是 發 炎? shì bù shì fā yán
이 치아 때문에 ... 아파요 i chia ttaemune apayo	呢隻牙整到我 ... 唔舒服	這 顆 牙 齒 讓 我 ... zhè kē yá chǐ ràng wǒ 很 不 舒 服 hěn bù shū fú

한국어	廣東話	普通話
– 위 wi	– 上面	– 上 面 shàng miàn
– 아래 arae	– 下面	– 下 面 xià miàn
– 뒤 dwi	– 後面	– 後 面 hòu miàn
– 앞 ap	– 前面	– 前 面 qián miàn
이를 때운 곳이 떨어졌어요 ireul ttae-un gosi tteoreojyeosseoyo	我補牙嗰度甩咗	我 補 牙 的 地 方 掉 了 wǒ bǔ yá de dì fāng diào le
이 치아를 빼야 합니다 i chiareul ppaeya hamnida	呢隻牙要剝喇	你 這 顆 牙 齒 需 要 拔 掉 nǐ zhè kē yá chǐ xū yào bá diào
이 치아를 때우겠습니다 i chiareul ttae-ugetseumnida	我幫你補番隻牙	我 替 你 補 牙 wǒ tì nǐ bǔ yá
마취 주사를 놓겠습니다 machwi jusareul noketseumnida	我幫你落啲麻醉藥先	我 先 給 你 打 麻 醉 藥 wǒ xiān gěi nǐ dǎ má zuì yào
내 잇몸 ... nae itmom	我啲牙肉...	我 的 牙 肉 ... wǒ de yá ròu
– 아파요 apayo	– 痛	– 痛 tòng
– 부었어요 bu-eosseoyo	– 腫咗	– 腫 了 zhǒng le
– 피가 나요 piga nayo	– 流血	– 流 血 liú xuè
가치가 망가졌어요 gachiga mang-gajyeosseoyo	我整爛咗隻假牙	我 弄 爛 了 一 顆 假 牙 wǒ nòng làn le yī kē jiǎ yá

한국어	廣東話	普通話
잘 치료해 드리겠습니다 jal chiryohae deurigetseumnida	我幫你整番好佢	我 幫 你 把 它 弄 好 wǒ bāng nǐ bǎ tā nòng hǎo
얼마나 걸려요? eolmana geollyeoyo	要整幾耐?	要 多 久? yào duō jiǔ

병원, 긴급 상황 醫院同緊急事故/醫院和緊急事故

한국어	廣東話	普通話
사람 살려요！ saram sallyeoyo	救命呀！	救 命 呀 ！ jiù mìng ya
병원으로 보내 주세요！ byeong-woneuro bonae juseyo	送我去醫院！	送 我 去 醫 院 ！ sòng wǒ qù yī yuàn
의사에게 데려다 주세요！ uisa-ege deryeoda juseyo	帶我去搵醫生！	帶 我 去 看 醫 生 ！ dài wǒ qù kàn yī shēng
구급차 좀 불러 주세요！ gugeupcha jom bulleo juseyo	叫白車	叫 救 護 車 jiào jiù hù chē
빨리요！ ppalliyo	快啲啦！	快 點 ！ kuài dianr
긴급 전화는 몇 번이에요？ gin-geup jeonhwaneun myeot beonieyo	緊急電話係幾多號？	緊 急 電 話 的 號 碼 是 jǐn jí diàn huà de hào mǎ shì 幾 號？ jǐ hǎo
제일 가까운 병원이 어디예요？ jeil gakkaun byeong-woni eodiyeyo	最近嘅醫院喺邊？	最 近 的 醫 院 在 哪 兒？ zuì jìn de yī yuàn zài nǎr
큰 길에서 사고가 keun gireseo sagoga 발생했어요 balsaenghaesseoyo	大路嗰度有意外	在 公 路 上 發 生 意 外 zài gōng lù shàng fā shēng yì wài
그 주위를 둘러 싸고 있지 geu juwireul dulleo ssago itji 마세요 maseyo	你哋唔好圍住佢！	你 們 不 要 圍 在 他 nǐ men bù yào wéi zài tā 身 邊 shēn biān

한국어	廣東話	普通話
그에게 호흡을 하게 해 주세요! geu-ege hoheubeul hage hae juseyo	畀佢抖氣!	讓 他 呼 吸 空 氣 ! ràng tā hū xī kōng qì
절대 그 사람을 움직이지 마세요! jeoldae geu sarameul umjigiji maseyo	千祈唔好郁佢!	千 萬 不 要 移 動 他 ! qiān wàn bù yào yí dòng tā
조심해서 움직이세요! josimhaeseo umjigiseyo	小心啲郁佢呀!	移 動 他 小 心 點 ! yí dòng tā xiǎo xīn dianr
저에게 물 좀 주세요 jeo-ege mul jom juseyo	畀啲水我	請 給 我 水 qǐng gěi wǒ shuǐ
진정하세요! jinjeonghaseyo	冷靜啲!	冷 靜 一 點 ! lěng jìng yì dianr
심호흡 하세요! simhoheup haseyo	深呼吸	深 呼 吸 shēn hū xī
어디가 불편하세요? eodiga bulpyeonhaseyo	你邊度唔舒服?	你 哪 裏 感 到 不 舒 服? nǐ nǎ lǐ gǎn dào bù shū fu
저는 ... jeoneun	我 ...	我 ... wǒ
– 무릎을 다쳤어요/ mureupeul dachyeosseoyo 발꿈치를 다쳤어요 balkkumchireul dachyeosseoyo	– 扭親膝頭/ 扭親腳踭	– 扭 傷 了 膝 蓋/ niǔ shāng le xī gài 扭 傷 了 腳 跟 niǔ shāng le jiǎo gēn
– 손이 부러졌어요/ soni bureojyeosseoyo 다리가 부러졌어요 dariga bureojyeosseoyo	– 跌斷手/ 跌斷腳	– 摔 斷 手/摔 斷 腳 shuāi duàn shǒu shuāi duàn jiǎo
– 코를 부딪쳤어요 koreul buditchyeosseoyo	– 撞親個鼻	– 碰 傷 了 鼻 子 pèng shāng le bí zi

한국어	廣東話	普通話
위가 아파요 wiga apayo	我個胃唔舒服	我 的 胃 不 舒 服 wǒ de wèi bù shū fu
쥐가 났어요 jwiga nasseoyo	我抽筋	我 抽 筋 wǒ chōu jīn
넘어졌어요 neomeojyeosseoyo	佢跌親	他 摔 倒 tā shuāi dǎo
택시에 부딪쳤어요 taxi-e buditchyeosseoyo	佢畀架的士撞倒	他 被 一 輛 出 租 車 tā bèi yí liàng chū zū chē 撞 倒 zhuàng dǎo
그는 심장병이 있어요 geuneun simjangbyeong-i isseoyo	佢有心臟病	他 有 心 臟 病 tā yǒu xīn zàng bìng
미끄러졌어요 mikkeureojyeosseoyo	佢跣親	他 滑 倒 tā huá dǎo
주사를 놓아 드리겠어요 jusareul noa deurigesseoyo	我哋會幫你打針	我 們 會 幫 你 注 射 wǒ men huì bāng nǐ zhù shè
생선 가시 삼켰어요 saengseon gasi samkyeosseoyo	佢吞咗條魚骨	他 吞 了 魚 刺 tā tūn le yú cì
피가 나요 piga nayo	佢流血	他 流 血 tā liú xuè
그 사람은 며칠동안 geu sarameun myeochildong-an 입원해야 하나요？ ibwonhaeya hanayo	佢會留喺醫院幾耐？	他 會 留 院 多 久？ tā huì liú yuàn duō jiǔ

한국어	廣東話	普通話
관례대로 이틀 병원에 gwallyedaero iteul byeong-wone 입원해서 상태를 지켜 ibwonhaeseo sangtaereul jikyeo 봐야 합니다 bwaya hamnida	依照慣常嘅程序，我哋會留佢喺醫院觀察兩日	依 照 通 常 的 程 序， yī zhào tōng cháng de chéng xù 我 們 會 要 求 他 留 院 wǒ men huì yāo qiú tā liú yuàn 觀 察 兩 天 guān chá liǎng tiān
혹시 죽을 수도 있나요? hoksi jugeul sudo itnayo	佢會唔會死?	他 會 不 會 死? tā huì bù huì sǐ
걱정하지 마세요 곧 퇴원할 geokjeonghaji maseyo got toewonhal 수 있습니다 su itseumnida	唔駛擔心，佢好快就走得	不 用 擔 心，他 很 bù yòng dān xīn tā hěn 快 便 可 以 出 院 kuài biàn kě yǐ chū yuàn
며칠 쉬어야 합니다 myeochil swi-eoya hamnida	佢要休息幾日	他 需 要 休 息 幾 天 tā xū yào xiū xi jǐ tiān
그리 심하지 않아요 geuri simhaji anayo	唔係好嚴重	不 是 很 嚴 重 bù shì hěn yán zhòng
아직 위험한 상태입니다 ajik wiheomhan sangtae-imnida	佢仲喺危險期	他 仍 在 危 險 期 tā réng zài wēi xiǎn qī
그 사람을 중환자실로 geu sarameul junghwanjasillo 보내겠습니다 bonaegetseumnida	我哋會轉送佢去深切治療部	我 們 會 轉 送 他 去 wǒ men huì zhuǎn sòng tā qù 深 切 治 療 部 shēn qiè zhì liáo bù
혈액검사를 하겠습니다 hyeoraekgeomsareul hagetseumnida	我哋會幫你驗血	我 們 會 幫 你 驗 血 wǒ men huì bāng nǐ yàn xuè
에이즈 검사를 한 적이 AIDS geomsareul han jeogi 있으세요? isseuseyo	你有無做過愛滋病測試?	你 有 沒 有 做 過 愛 nǐ yǒu méi yǒu zuò guò ài 滋 病 的 測 試? zī bìng de cè shì

한국어	廣東話	普通話
간염 예방주사를 맞은 적이 있으세요？ ganyeom yebangjusareul majeun jeogi isseuseyo	你有無打過肝炎嘅疫苗？	你有沒有注射過肝炎的疫苗？ nǐ yǒu méi yǒu zhù shè guò gān yán de yì miáo
밖에서 기다려 주세요 감사합니다 bakkeseo gidaryeo juseyo gamsahamnida	喺出面等，唔該	在外面等，謝謝 zài wài miàn děng, xiè xie
곧 의사를 만날 수 있습니다 got uisareul mannal su itseumnida	醫生一陣就會見你	醫生等一會兒就會接見你 yī shēng děng yí huìr jiù huì jiē jiàn nǐ
그 사람은 곧 수술을 받게 됩니다 geu sarameun got susureul batge doemnida	我哋會盡快同佢做手術	我們會盡快替他做手術 wǒ men huì jìn kuài tì tā zuò shǒu shù
당신의 동의가 있어야 수술을 할 수 있습니다 dangsinui dong-uiga isseoya susureul hal su itsseumnida	我哋需要你嘅批准先可以同佢做手術	我們需要你的批准才可以給他做手術 wǒ men xū yào nǐ de pī zhǔn cái kě yǐ gěi tā zuò shǒu shù
이 서식을 작성해 주세요 i seosigeul jakseonghae juseyo	填咗呢份表先	先填這張表 xiān tián zhè zhāng biǎo
경찰은 당신에게 사고 진술서 를 받아야 합니다 gyeongchareun dangsinege sago jinsulseoreul badaya hamnida	警方需要你幫單意外落口供	警方需要你為這個意外作口供 jǐng fāng xū yào nǐ wèi zhè ge yì wài zuò kǒu gòng

한국어	廣東話	普通話
물, 차 혹은 커피 뭘 드릴까요 ? mul, cha hogeun coffee mwol deurilkkayo	你要一杯水、茶定係咖啡?	你要一杯水、茶還是咖啡? nǐ yào yī bēi shuǐ chá hái shì kā fēi
식당에 가서 뭐 좀 드세요 sikdang-e gaseo mwo jom deuseyo	去餐廳度食啲嘢啦	到餐館吃點東西吧 dào cān guǎn chi dianr dōng xī ba
제가 묵는 호텔로 / 저의 집으로 전화해 줄 수 있어요 ? jega mungneun hotel ro / jeoui jibeuro jeonhwahae jul su isseoyo	你可以打電話去我酒店/屋企嗎?	你可以打電話去我住的酒店/家嗎? nǐ kě yǐ dǎ diàn huà qù wǒ zhù de jiǔ diàn jiā ma
우리집 가정의사에게 긴급 전화를 해야 해요 urijip gajeong-uisa-ege gin-geup jeonhwareul haeya haeyo	我要打緊急電話畀我哋個家庭醫生	我要打個緊急電話給我的家庭醫生 wǒ yào dǎ gè jǐn jí diàn huà gěi wǒ de jiā tíng yī shēng
저는 이 약을 먹어야 해요 jeoneun i yageul meogeoya haeyo	我要食呢啲藥	我要吃這種藥 wǒ yào chī zhè zhǒng yào
사스 (SARS) / 非典型肺炎		CH10_02
예방 방법 : yebang bangbeop	預防方法:	預防方法: yù fáng fāng fǎ
– 공공장소에서 마스크 착용 gong-gongjangso-eseo mask chagyong	– 喺公眾場所戴上口罩	– 在公眾場所戴上口罩 zài gōng zhòng chǎng suǒ dài shàng kǒu zhào
– ... 만진 후 바로 비누로 손을 씻는다 manjin hu baro binuro soneul ssinneunda	– 喺接觸過...之後即刻用番梘洗手	– 在觸摸過...之後立即用肥皂洗手 zài chù mō guò zhī hòu lì jí yòng féi zào xǐ shǒu

한국어	廣東話	普通話
• 문고리 mungori	• 門柄	• 門 柄 mén bǐng
• 엘리베이터 버튼 elevator button	• 升降機掣	• 升 降 機 按 鈕 shēng jiàng jī àn niǔ
– 가능한 한 다른 ganeunghan han dareun 사람과 악수하지 saramgwa aksuhaji 않는다 anneunda	– 避免同人握手	– 避 免 跟 人 握 手 bì miǎn gēn rén wò shǒu
– 표백수로 바닥과 pyobaeksuro badakgwa 가구를 닦는다 gagureul dangneunda	– 用漂白水消毒 地板同家具	– 用 漂 白 水 消 毒 yòng piǎo bái shuǐ xiāo dú 地 板 及 家 具 dì bǎn jí jiā jù
증세 : jeungse	病徵 :	症 狀 : zhèng zhuàng
– 기침 gichim	– 咳嗽	– 咳 嗽 ké sòu
– 발열 baryeol	– 發燒	– 發 燒 fā shāo
– 호흡기관 질병 hoheupgigwan jilbyeong	– 呼吸管道疾病	– 呼 吸 管 道 疾 病 hū xī guǎn dào jí bìng
– 설사 seolsa	– 肚瀉	– 腹 瀉 fù xiè
집에서 안정 격리 jibeseo anjeong gyeongni	留喺屋企接受隔離	留 在 家 裏 接 受 隔 離 liú zài jiā lǐ jiē shòu gé lí
의료기관에 신속 통지 uiryogigwane sinsok tongji	盡快通知醫療人員	盡 快 通 知 醫 療 人 員 jìn kuài tōng zhī yī liáo rén yuán
조류 감기 joryu gamgi	禽流感	禽 流 感 qín liú gǎn

韓國緊急求助電話及國際醫療中心

緊急醫療事故　119 / 1339

警局　112

消防局　119

電話號碼查詢　114

외국인 진료 병원　國際醫療醫院

세브란스병원　Severance Hospital

地址：西大門區新村洞 134 延世大學旁

電話：02-2228-5800/5810

網址：www.severance.or.kr/en/index.asp

서울아산병원　Asan Medical Center

地址：首爾市松坡區風納 2 洞 388-1

電話：(02) 3010-5001

網址：www.amc.seoul.kr/eng/

삼성의료원　Samsung Medical Center

地址：首爾市江南區逸院洞 50 號

電話：(02) 3410-2114

網址：http://english.samsunghospital.com

교회, 기도 장소 教堂與祈禱聖地

한국어	廣東話	普通話
실례합니다. 이 근처 교회가 / 회교사원이 / 유태교회당이 / 절이 어디에 있어요? sillyehamnida i geuncheo gyohoega hoegyosawoni yutaegyohoedang-i jeori eodie isseoyo	唔該，請問我可以喺附近邊度搵到教堂 / 清真寺 / 猶太教堂或者廟宇？	不好意思，請問我可以在附近哪裏找到教堂 / 清真寺 / 猶太教堂或寺廟？ bù hǎo yì si, qǐng wèn wǒ kě yǐ zài fù jìn nǎ lǐ zhǎo dào jiào táng qīng zhēn sì yóu tài jiào táng huò sì miào
여기에서 얼마나 멀어요? yeo-gieseo eolmana meoreoyo	離呢度幾遠？	離這裏多遠？ lí zhè lǐ duō yuǎn
예배시간이 얼마나 길어요? yebaesigani eolmana gireoyo	個彌撒大約幾耐？	彌撒大約多久？ mí sà dà yuē duō jiǔ
저 좀 데려다 주시겠어요? jeo jom deryeoda jusigesseoyo	你可唔可以帶我去？	你可不可以帶我去？ nǐ kě bù kě yǐ dài wǒ qù
이 교회당은 정말 웅장하군요 i gyohoedang-eun jeongmal ungjanghagunyo	呢間教堂真係宏偉	這間教堂真是宏偉 zhè jiān jiào táng zhēn shì hóng wěi

韓國全國教會理事會

韓國全國教會理事會（The National Council of Churches in Korea）

網址：www.kncc.or.kr/english/index.asp

12 우체국 郵局

한국어	廣東話	普通話
우체국이 어디에 있어요 ? uchegugi eodie isseoyo	邊度有郵局 ?	哪 裏 有 郵 局 ? nǎ lǐ yǒu yóu jú
우체국이 몇 시에 문을 열어요 / 닫아요 ? uchegugi myeot si-e muneul yeoreoyo dadayo	郵局幾時開 / 閂門 ?	郵 局 何 時 開 / 關 門 ? yóu jú hé shí kāi guān mén
우표를 사려고 해요 upyoreul saryeogo haeyo	我想買郵票	我 想 買 郵 票 wǒ xiǎng mǎi yóu piào
4 번 창구 ! sa beon chang-gu	4 號窗	4 號 櫃 枱 sì hào guì tái
이 편지 / 엽서 한국에 / 중국에 / 홍콩에 부치려고 해요 i pyeonji yeopseo hanguge jungguge hongkong-e buchiryeogo haeyo	我想寄信 / 明信片去韓國 / 中國 / 香港	我 想 寄 信 / 明 信 片 去 韓 國 / 中 國 / 香 港 wǒ xiǎng jì xìn míng xìn piàn qù hán guó zhōng guó xiāng gǎng
미국에 보내는데 얼마예요 ? miguge bonaeneunde eolmayeyo	寄去美國要幾多錢 ?	寄 去 美 國 要 多 少 錢 ? jì qù měi guó yào duō shǎo qián
항공 우편으로 보내겠어요 ? hanggong u-pyeoneuro bonaegesseoyo	係唔係要寄空郵 ?	是 不 是 要 寄 空 郵 ? shì bù shì yào jì kōng yóu
소포를 보내려고 해요 soporeul bonaeryeogo haeyo	我想寄呢個包裹	我 想 寄 這 個 包 裹 wǒ xiǎng jì zhè ge bāo guǒ
이 세관 신고서를 작성해야 하나요 ? i segwan singoseoreul jakseonghaeya hanayo	我係咪要填咗呢張海關表格 ?	我 是 不 是 要 先 填 這 張 海 關 表 格 ? wǒ shì bù shì yào xiān tián zhè zhāng hǎi guān biǎo gé

한국어	廣東話	普通話
우체통은 어디에 있어요 ? uchetong-eun eodie isseoyo	邊度有郵筒 ?	哪 裏 有 郵 筒 ? nǎ li yǒu yóu tǒng
... 보내려고 해요 bonaeryeogo haeyo	我想寄...	我 想 寄 ... wǒ xiǎng jì
– 항공 우편 hang-gong u-pyeon	– 空郵	– 空 郵 kōng yóu
– 일반 우편 ilban u-pyeon	– 平郵	– 平 郵 píng yóu
– 등기 우편 deung-gi u-pyeon	– 掛號	– 掛 號 guà hào
제 우편물 있어요 ? je u-pyeonmul isseoyo	係咪有郵件係我嘅 ?	是 不 是 有 我 的 郵 件 ? shì bù shì yǒu wǒ de yóu jiàn
제 이름은 ... je ireumeun	我個名係...	我 的 名 字 是 ... wǒ de míng zì shì
이것은 제 여권입니다 / 신분증입니다 igeoseun je yeogwonimnida / sinbunjeung-imnida	呢個係我嘅護照 / 身份證	這 是 我 的 護 照 / 身 份 證 zhè shì wǒ de hù zhào / shēn fèn zhèng

전화, 팩스, 이메일 電話、傳真、電子郵件

CH12_02

한국어	廣東話	普通話
근처에 공중전화 박스가 있어요 ? geuncheo-e gongjungjeonhwa boxga isseoyo	附近有無電話亭 ?	附 近 有 沒 有 電 話 亭 ? fù jìn yǒu méi yǒu diàn huà tíng
전화가 고장났어요. 저 식당에 가서 한번 물어 보세요 jeonhwaga gojangnasseoyo. jeo sikdang-e gaseo hanbeon mureo boseyo	電話壞咗，你試下去餐廳嗰個	電 話 壞 了 ， 你 可 以 到 餐 廳 那 個 試 試 diàn huà huài le nǐ kě yǐ dào cān tīng nà ge shì shì
전화번호책 있어요 ? jeonhwabeonhochaek isseoyo	你有無電話簿 ?	你 有 沒 有 電 話 簿 ? nǐ yǒu méi yǒu diàn huà bù

한국어	廣東話	普通話
저에게 전화 좀 걸어 jeo-ege jeonhwa jom georeo 주시겠어요 ? jusigesseoyo	你可唔可以打畀 我？	你 可 不 可 以 打 電 nǐ kě bù kě yǐ dǎ diàn 話 給 我 ? huà gěi wǒ
한국에 전화를 걸려고 해요 hanguge jeonhwareul geollyeogo haeyo 좀 써 주시겠어요 ? jom sseo jusigesseoyo	我想打去韓國，你 幫我記低啦	我 想 打 電 話 去 韓 wǒ xiǎng dǎ diàn huà qù hán 國 ， 你 幫 我 寫 下 來 guó nǐ bāng wǒ xiě xià lái
전화 한번 하는데 jeonhwa hanbeon haneunde 얼마예요 ? eolmayeyo	請問打一次電話 要幾多錢？	請 問 打 一 次 電 話 qǐng wèn dǎ yī cì diàn huà 要 多 少 錢 ? yào duō shǎo qián
안녕하세요, 저는 ... 이에요 annyeonghaseyo jeoneun ieyo	你好，我係...	你 好 ， 我 是 ... nǐ hǎo wǒ shì
... 씨 계세요 ? ssi gyeseyo	我想搵...	我 想 找 ... wǒ xiǎng zhǎo
거기가 ... 입니까 ? geogiga imnikka	請問呢度係咪...?	請 問 這 裏 是 不 是 ...? qǐng wèn zhè li shì bù shì
이따 다시 전화해도 돼요 ? itta dasi jeonhwahaedo dwae yo	我可唔可以晏啲 再打畀你？	我 可 不 可 以 晚 點 wǒ kě bù kě yǐ wǎn dianr 再 給 你 電 話 ? zài gěi nǐ diàn huà
저에게 틀린 전화번호를 jeo-ege teullin jeonhwabeonhoreul 주었어요 jueosseoyo	你畀咗個錯嘅號 碼我	你 給 了 一 個 錯 的 nǐ gěi le yī gè cuò de 號 碼 hào mǎ
전화가 끊겼어요 jeonhwaga kkeunkyeosseoyo	我哋斷咗線	我 們 斷 了 線 wǒ men duàn le xiàn

한국어	廣東話	普通話
그 사람은 언제 돌아오나요 ? geu sarameun eonje doraonayo	佢幾點番嚟 ?	他 何 時 回 來 ? tā hé shí huí lái
말씀 좀 전해 주시겠어요 ? malsseum jom jeonhae jusigesseoyo	我可唔可以留言 ?	我 可 不 可 以 留 言 ? wǒ kě bù kě yǐ liú yán
돈을 지불하겠어요 doneul jibulhagesseoyo	我想找數	我 想 付 款 wǒ xiǎng fù kuǎn
전화 왔어요 ! jeonhwa wasseoyo	有電話搵你 !	有 電 話 找 你 ! yǒu diàn huà zhǎo nǐ
몇 번에 거셨어요 ? myeot beone geosyeosseoyo	你打咗幾多號電話 ?	你 撥 哪 個 電 話 號 碼 ? nǐ bō nǎ ge diàn huà hào mǎ
잠시 전화를 받을 수 jamsi jeonhwareul badeul su 없습니다 eopseumnida	電話暫時未能接通	電 話 暫 時 未 能 接 通 diàn huà zàn shí wèi néng jiē tōng
전화가 고장났습니다 jeonhwaga gojangnatseumnida	電話故障	電 話 故 障 diàn huà gù zhàng
여기 안 계시는데요 yeogi an gyesineundeyo	佢唔喺度	他/她 不 在 tā tā bù zài
어디서 전화 카드 / 핸드폰 eodiseo jeonhwa card hand phone 카드 살 수 있어요 ? card sal su isseoyo	喺邊度可以買到電話卡/用喺手提電話嘅電話卡 ?	在 哪 裏 可 以 購 買 zài nǎ li kě yǐ gòu mǎi 電 話 卡/手 提 電 話 diàn huà kǎ shǒu tí diàn huà 用 的 電 話 卡 ? yòng de diàn huà kǎ

한국어	廣東話	普通話
호텔에서 팩스를 보낼 수 있어요 ? hotel eseo fax reul bonael su isseoyo	我可唔可以喺酒店傳真啲文件?	我 可 不 可 以 在 酒 店 傳 真 文 件? wǒ kě bù kě yǐ zài jiǔ diàn chuán zhēn wén jiàn
컴퓨터 좀 사용할 수 있어요 ? 이메일 확인해 보려고 해요 computer jom sayonghal su isseoyo e-mail hwaginhae boryeogo haeyo	我可唔可以用你部電腦?我要睇email	我 可 不 可 以 用 你 的 電 腦 ? 我 需 要 查 閱 電 子 郵 件 wǒ kě bù kě yǐ yòng nǐ de diàn nǎo wǒ xū yào chá yuè diàn zǐ yóu jiàn
인터넷 카페를 찾는데요 혹시 이 근처에 있어요 ? Internet cafe reul chatneundeyo hoksi i geuncheo-e isseoyo	我搵緊一間有得上網嘅咖啡店。呢度附近有無?	我 在 找 一 間 有 上 網 服 務 的 咖 啡 店 。 這 裏 附 近 有 沒 有? wǒ zài zhǎo yī jiān yǒu shàng wǎng fú wù de kā fēi diàn zhè lǐ fù jìn yǒu méi yǒu

電話

由海外/ 韓國境外致電韓國:先撥 82,然後撥對方 9 位數字號碼(不用撥號碼前的 0)

在韓國境內:只需要直接撥對方的 10 位數字號碼

由韓國致電海外:先撥 00,然後順序撥國家號碼、地區號碼及對方號碼

你可以在郵政局、香煙小賣店、紀念品店中買到所有種類的電話卡,包括電話亭用的電話卡、手提電話增值用的電話卡以及儲值電話卡等。

參考網址:http://big5.chinese.tour2korea.com/index.asp

郵政

韓國的郵筒是紅色的,一般都置於街上和郵局外牆。每個郵筒上都標示收集信件的時間。

郵票可於郵局或香煙小賣店內購買得到,郵費會因應郵件的重量和目的地而有所不同。

13 대사관 / 영사관에 연락 聯絡大使館或領事館

한국어	廣東話	普通話
저는 한국 사람이에요 / 중국 jeoneun han-guk saramieyo jung-guk 사람이에요 / 홍콩 사람이에요 saramieyo hong kong saramieyo	我係韓國人／中國人／香港人	我 是 韓 國 人／中 國 wǒ shì hán guó rén zhōng guó 人／香 港 人 rén xiāng gǎng rén
우리나라 대사관에 / 영사관에 urinara daesagwane yeongsagwane 전화하려고 해요 jeonhwaharyeogo haeyo	我想打電話畀我國家嘅大使館／領事館	我 想 打 個 電 話 給 wǒ xiǎng dǎ gè diàn huà gěi 我 國 家 的 大 使 館／ wǒ guó jiā de dà shǐ guǎn 領 事 館 lǐng shì guǎn
거기에 어떻게 가는지 geogie eotteoke ganeunji 아세요？ aseyo	你可唔可以話畀我知點去嗰度？	你 可 不 可 以 告 訴 nǐ kě bù kě yǐ gào sù 我 怎 樣 去 那 兒？ wǒ zěn yàng qù nàr
중국 대사관 전화번호 jung-guk daesagwan jeonhwabeonho 몇 번이에요？ myeot beonieyo	中國大使館嘅電話幾多號？	中 國 大 使 館 的 電 zhōng guó dà shǐ guǎn de diàn 話 號 碼 是 多 少？ huà hào mǎ shì duō shǎo
남자 대사하고 / 여자 namja daesahago yeoja 영사하고 이야기 하고 싶어요 yeongsahago iyagi hago sipeoyo	我想同男大使／女領使傾下	我 想 找 男 大 使／ wǒ xiǎng zhǎo nán dà shǐ 女 領 事 談 談 nǚ lǐng shì tán tan
여권이 없어졌어요, yeogwoni eopseojyeosseoyo 어떻게 하지요？ eotteoke hajiyo	我唔見咗本護照，唔知點算好	我 丟 了 我 的 護 照 ， wǒ diū le wǒ de hù zhào 不 知 怎 麼 辦 bù zhī zěn me bàn

한국어	廣東話	普通話
영사하고 시간 약속을 해서 yeongsahago sigan yaksogeul haeseo 이야기 하고 싶어요 iyagi hago sipeoyo	我想約個時間同領事傾下	我 想 預 約 ， 跟 領 事 wǒ xiǎng yù yuē gēn lǐng shì 談 談 tán tan
... 만날 약속을 하고 싶어요 mannal yaksogeul hago sipeoyo	我想約見...	我 想 約 見... wǒ xiǎng yuē jiàn
– 언어학 전문가 eoneohak jeonmun-ga	– 語言學專家	– 語 言 學 家 yǔ yán xué jiā
– 군사 전문가 gunsa jeonmun-ga	– 軍事專家	– 軍 事 家 jūn shì jiā
– 과학자 gwahakja	– 科學專家	– 科 學 家 kē xué jiā
비자를 / 여권을 연장하고 visa reul yeogwoneul yeonjanghago 싶어요 sipeoyo	我想續我嘅簽證 / 護照	我 想 延 期 我 的 簽 wǒ xiǎng yán qī wǒ de qiān 證 / 護 照 zhèng hù zhào

中國駐韓使領館資料

中華人民共和國駐大韓民國大使館

地址：首爾特別市鍾路區孝子洞54番地
網址：www.chinaemb.or.kr/chn/
電話：(0082-2-) 738-1038

領事部

地址：首爾特別市中區南山洞2街50-7
（地鐵4號綫明洞站3號出口，向南山方向走400米左右，南山纜車站售票處附近）
電話：060-704-5004

中華人民共和國駐釜山總領事館

地址：釜山廣域市海雲台區海邊路47
（地鐵2號綫市立美術館3號出口、直行50米）
網址：http://busan.china-consulate.org/chn/
電話：051-743-7990

14 구경 去街 / 上街

한국어	廣東話	普通話
영화관, 공연장 戲院或劇院		CH14_01
볼만한 영화가 뭐 있어요 ? bolmanhan yeong-hwaga mwo isseoyo	戲院有乜嘢戲好睇 ?	戲 院 有 甚 麼 好 看 xì yuàn yǒu shén me hǎo kàn 的 戲 ? de xì
공연 중인 좋은 연극 있어요 ? gong-yeon jung-i joeun yeon-geuk isseoyo	有咩有趣嘅話劇上演呀 ?	有 沒 有 有 趣 的 話 劇 上 演 ? yǒu méi yǒu yǒu qù de huà jù shàng yǎn
이 영화에 누가 출연해요 ? i yeonghwa-e nuga churyeonhaeyo	呢套戲邊個做架 ?	這 齣 戲 是 誰 演 出 的 ? zhè chū xì shì shuí yǎn chū de
저에게 ... 좀 소개해 주세요 jeo-ege jom sogaehae juseyo	可唔可以介紹 ... 畀我 ?	可 不 可 以 介 紹 ... 給 我 ? kě bù kě yǐ jiè shào géi wǒ
– 좋은 영화 joeun yeonghwa	– 一齣好戲	– 一 齣 好 戲 yī chū hǎo xì
– 좋은 연극 joeun yeon-geuk	– 一套好嘅話劇	– 一 部 好 的 話 劇 yī bù hǎo de huà jù
– 좋은 뮤지컬 joeun musical	– 一套好嘅音樂劇	– 一 場 好 的 音 樂 劇 yī chǎng hǎo de yīn yuè jù
– 탐정 영화 tamjeong yeonghwa	– 一套偵探電影	– 一 部 偵 探 電 影 yī bù zhēn tàn diàn yǐng

한국어	廣東話	普通話
피아노 연주회를 보고 싶어요 piano yeonjuhoereul bogo sipeoyo	我想聽一場鋼琴演奏會	我 想 聽 一 場 鋼 琴 wǒ xiǎng tīng yī chǎng gāng qín 演 奏 會 yǎn zòu huì
언제 시작해요? eonje sijakaeyo	幾點鐘開場?	甚 麼 時 候 開 始? shén me shí hòu kāi shǐ
언제 끝나요? eonje kkeutnayo	幾點鐘完場?	甚 麼 時 候 結 束? shén me shí hòu jié shù
오늘 저녁 아직 자리 있어요? oneul jeonyeok ajik jari isseoyo	今晚仲有無位?	今 天 晚 上 還 有 沒 jīn tiān wǎn shàng hái yǒu méi 有 位? yǒu wèi
일요일 표 두 장 예약하려고 해요 iryoil pyo du jang yeyakaryeogo haeyo	我想訂兩張星期日演出嘅飛	我 想 預 訂 兩 張 wǒ xiǎng yù dìng liǎng zhāng 星 期 天 的 票 xīng qī tiān de piào
디스코텍, 바	**的士高、酒吧 / 迪斯科、酒吧**	CH14_02
좋은 디스코텍 알아요? jo-eun diseukotek arayo	你知唔知邊度有好嘅的士高?	你 知 不 知 道 哪 裏 nǐ zhī bù zhī dào nǎ lǐ 有 好 的 迪 斯 科? yǎu hǎo de dí si kè
어떤 음악 좋아하세요? eotteon eumak joahaseyo	你鍾意乜嘢類型嘅音樂?	你 喜 歡 甚 麼 類 型 nǐ xǐ huān shén me lèi xíng 的 音 樂? de yīn yuè
... 좋아해요 joahaeyo – 테크노 뮤직 Techno music	我鍾意... – 電子音樂	我 喜 歡 ... wǒ xǐ huān – 電 子 音 樂 diàn zǐ yīn yuè

한국어	廣東話	普通話
– 재즈 jazz	– 爵士樂	– 爵 士 音 樂 jué shì yīn yuè
무슨 음악이나 다 좋아해요 museun eumagina da joahaeyo	我乜嘢類型嘅音樂都鍾意	我 喜 歡 任 何 類 型 的 音 樂 wǒ xǐ huān rèn hé lèi xíng de yīn yuè
... 에 있는 ... 라는 아주 좋은 디스코텍을 알아요. 당신도 좋아하실 거예요 e itneun raneun aju joeun discotheque-eul arayo dangsindo joahasil geoyeyo	我知道有間好正嘅的士高喺...(地點)叫...我肯定你會鍾意	我 知 道 有 一 間 很 棒 的 迪 斯 科 在 ...(地點) 名 字 是 ... 我 肯 定 你 會 喜 歡 wǒ zhī dào yǒu yì jiān hěn bàng de dí si kē zài míng zì shì wǒ kěn dìng nǐ huì xǐ huān
입장료가 얼마예요? ipjangnyoga eolmayeyo	入場費要幾多錢?	入 場 費 要 多 少 錢? rù chǎng fèi yào duō shǎo qián
음료수 한 잔 포함해서 10,000 원입니다 eumnyosu han jan pohamhaeseo man won-imnida	一萬圓包一杯飲品	一 萬 圓 包 括 一 杯 飲 料 yí wàn yuán bāo kuò yì bēi yǐn liào

15 스포츠 運動

CH15_01

한국어	廣東話	普通話
근처에 골프장이 있어요 ? geuncheo-e golf jang-i isseoyo	最近邊度有哥爾夫球場 ?	附 近 有 沒 有 高 爾 夫 球 場 ? fù jìn yǒu méi yǒu gāo ěr fū qiú chǎng
골프채 빌릴 수 있어요 ? golfchae billil su isseoyo	可唔可以借哥爾夫球桿 ?	可 不 可 以 借 高 爾 夫 球 桿 ? kě bù kě yǐ jiè gāo ěr fū qiú gān
근처에 테니스장 있어요 ? geuncheo-e tennis jang isseoyo	附近有無網球場 ?	附 近 有 沒 有 網 球 場 ? fù jìn yǒu méi yǒu wǎng qiú chǎng
테니스 라켓 하나 하루 빌리고 싶어요 tennis raket hana haru billigo sipeoyo	我想借一塊網球拍一日	我 想 借 一 副 網 球 拍 一 天 wǒ xiǎng jie yī fù wǎng qiú pāi yī tiān
한 시간에 얼마예요 ? han sigane eolmayeyo	一個鐘幾多錢 ?	一 個 小 時 多 少 錢 ? yī gè xiǎo shí duō shǎo qián
근처에 헬스크럽 있어요 ? geuncheo-e health club isseoyo	你知唔知附近有無健身室 ?	你 知 不 知 道 附 近 有 沒 有 健 身 室 ? nǐ zhī bù zhī dào fù jìn yǒu méi yǒu jiàn shēn shì
호텔 안에 수영장 있어요 ? hotel ane suyeongjang isseoyo	酒店有無泳池 ?	酒 店 有 沒 有 游 泳 池 ? jiǔ diàn yǒu méi yǒu yóu yǒng chí

한국어	廣東話	普通話
어디서 조깅할 수 있어요？ eodiseo jogging hal su isseoyo	我可以喺邊跑步？	我 可 以 在 哪 裏 跑 步？ wǒ kě yǐ zài nǎ lǐ pǎo bù
이 시간은 위험하지 않은가요？ i siganeun wiheomhaji aneungayo	呢個時間有無危險？	這 個 時 間 有 沒 有 危 險？ zhè ge shí jiān yǒu méi yǒu wēi xiǎn
권투 시합을 보고 싶은데요 gwontu sihabeul bogo sipeundeyo	我想睇一場拳賽	我 想 看 一 場 拳 擊 比 賽 wǒ xiǎng kàn yī chǎng quán jī bǐ sài
농구 경기 / 축구 경기 nong-gu gyeong-gi chukgu gyeong-gi 보고 싶어요 농구는 / 축구는 bogo sipeoyo nong-guneun chukguneun 한국에서 인기있는 운동이라고 han-gugeseo in-gi itneun undongirago 들었어요 deureosseoyo	我想睇一場籃球賽／足球賽，因為人地話籃球／足球喺韓國係好受歡迎嘅運動	我 想 看 一 場 籃 球 賽／足 球 賽 ， 因 為 別 人 說 籃 球／足 球 在 韓 國 是 很 受 歡 迎 的 運 動 wǒ xiǎng kàn yī chǎng lán qiú sài zú qiú sài yīn wèi bié rén shuō lán qiú zú qiú zai hán guó shì hěn shòu huān yíng de yùn dòng
어디에서 표를 사요？ eodieseo pyoreul sayo	我可以喺邊度買飛？	我 可 以 在 哪 兒 買 票？ wǒ kě yǐ zài nǎr mǎi piào
근처에 탁구장 / 볼링장 geuncheo-e takgujang bowling-jang 있어요？ isseoyo	附近有無桌球／保齡球打？	附 近 有 沒 有 可 以 玩 桌 球／保 齡 球 的 地 方？ fù jìn yǒu méi yǒu kě yǐ wán zhuō qíu bǎo líng qiú de dì fāng

한국어	廣東話	普通話
서울에 카지노가 있어요? seoule casino-ga isseoyo	首爾有無賭場?	首 爾 有 沒 有 賭 場? shǒu ěr yǒu méi yǒu dǔ chǎng
어디에 면세점이 있어요? edie myeonsejeomi isseoyo	邊度有免稅店?	哪 兒 可 以 找 到 免 nǎr kě yǐ zhǎo dào miǎn 稅 商 店? shuì shāng diàn
카지노에는 어떤 옷을 입고 casino-eneun eotteon oseul ipgo 가요? gayo	去賭場要着乜嘢 衫?	去 賭 場 要 穿 甚 麼 qù dǔ chǎng yào chuān shén me 衣 服? yī fú
룰렛 어디에 있어요? roulette eodie isseoyo	俄羅斯輪盤喺邊?	俄 羅 斯 輪 盤 在 é luó sī lún pán zài 哪 兒? nǎr
제가 딴 동전을 현금으로 jega ttan dongjeoneul hyeongeumeuro 바꾸고 싶은데요 bakkugo sipeundeyo	我想將贏咗嘅籌 碼兌現	我 想 將 贏 得 的 籌 wǒ xiǎng jiāng yíng dé de chóu 碼 兌 現 mǎ duì xiàn

運動項目

윈드 서핑	滑浪風帆
번지점프	笨豬跳
롤러 스케이트	滾軸溜冰
산악자전거	越野單車
서핑	滑浪
카이트 서핑	風箏滑浪
비치 발리볼	沙灘排球
비치 축구	沙灘足球
비치 럭비	沙灘欖球
스킨 스쿠버	潛水
제트 스키	水上電單車
수상 스키	滑水
하이킹	遠足
샌드 요트	風帆車 / 陸上風帆

16 관광 觀光

CH16_01

한국어	廣東話	普通話
관광 안내 센터 어디에 있어요? gwan-gwang annae center eodie isseoyo	邊度有遊客中心?	哪裏有遊客中心? nǎ lǐ yǒu yóu kè zhōng xīn
... 에 대한 자료를 찾는데요, 좋은 여행 안내책 좀 소개해 줄 수 있어요? e daehan jaryoreul chatneundeyo joeun yeohaeng annaechaek jom sogaehae jul su isseoyo	我想搵關於...嘅資料，可唔可以介紹一本好嘅旅遊指南畀我?	我想找有關...的資料，可不可以給我介紹一本好的旅遊指南? wǒ xiǎng zhǎo yǒu guān de zī liào kě bù kě yǐ gěi wǒ jiè shào yī běn hǎo de lǚ yóu zhǐ nán
– 서울 / 부산 / 경주 seoul busan gyeongju	– 首爾 / 釜山 / 慶州	– 首爾 / 釜山 / 慶州 shǒu ěr fǔ shān qìng zhōu
– 유적지 혹은 기념비 yujeokji hogeun gi-nyeombi	– 歷史文物、紀念碑	– 歷史文物、紀念碑 lì shǐ wén wù jì niàn bēi
– 해변 haebyeon	– 海灘	– 海灘 hǎi tān
– 박물관 bangmulgwan	– 博物館	– 博物館 bó wù guǎn
소책자 혹은 안내장 있어요? sochaekja hogeun annaejang isseoyo	你哋有無小冊子或者單張?	你們有沒有小冊子或者傳單? nǐ men yǒu méi yǒu xiǎo cè zi huò zhě chuán dān
이 도시 지도가 필요해요 i dosi jidoga piryohaeyo	我想要個全市地圖	我想要整個城市的地圖 wǒ xiǎng yào zhěng gè chéng shì de dì tú

한국어	廣東話	普通話
유명한 관광 명소가 yumyeonghan gwan-gwang myeongsoga 어디예요 ? eodiyeyo	邊度有最出名嘅遊客區?	哪 裏 有 最 著 名 的 nǎ lǐ yǒu zuì zhù míng de 旅 遊 區? lǚ yóu qū
우리는 여기서 ... 머물 거예요 urineun yeogiseo meomul geoyeyo	我哋會喺度留...	我 們 會 留 在 這 裏 ... wǒ men huì liú zài zhè lǐ
— 몇 시간 myeot sigan	— 幾個鐘頭	— 幾 個 小 時 jǐ ge xiǎo shí
— 삼 일 sam il	— 三日	— 三 天 sān tiān
— 일 주일만 il juilman	— 一個星期咋	— 只 有 一 個 星 期 zhǐ yǒu yī gè xīng qī
여행사를 찾고 있어요 yeohaengsareul chatgo isseoyo	我想搵間旅行社	我 要 找 一 間 旅 行 社 wǒ yào zhǎo yī jiān lǚ xíng shè
시티 투어 상품 city tour sangpum 있어요 ? isseoyo	你哋有無遊市區嘅團?	你 們 有 沒 有 遊 市 區 nǐ men yǒu méi yǒu yóu shì qū 的 旅 遊 團? de lǚ yóu tuán
<서울 하루 투어> 같은 여행 seoul haru tour gateun yeohaeng 상품 있어요 ? sangpum isseoyo	有無啲首爾一日遊之類嘅旅行團?	有 沒 有 首 爾 一 日 遊 yǒu méi yǒu shǒu ěr yī rì yóu 這 類 的 旅 行 團? zhè lèi de lǚ xíng tuán
이 투어 비용 얼마예요 ? i tour biyong eolmayeyo	呢個團幾多錢?	這 個 團 的 團 費 多 zhè ge tuán de tuán fèi duō 少 錢? shǎo qián

한국어	廣東話	普通話
... 하는 관광 가이드 haneun gwan-gwang guide 있어요 ? isseoyo	你哋有無講 ... 嘅 導遊?	你 們 有 沒 有 説 ... nǐ men yǒu méi yǒu shuō 的 導 遊? de dǎo yóu
—한국어 hangu-geo	— 韓文	— 韓 文 hán wén
—영어 yeong-eo	— 英文	— 英 語 yīng yǔ
—광동어 gwang dong-eo	— 廣東話	— 廣 東 話 guǎng dōng huà
—보통화 botonghwa	— 普通話	— 普 通 話 pǔ tōng huà
—불어 bureo	— 法文	— 法 文 fǎ wén
몇 번 버스를 타야 해요 ? myeot beon beoseureul taya haeyo	我哋應該搭幾多 號巴士?	我 們 應 該 坐 幾 號 wǒ men yīng gāi zuò jǐ hào 公 車? gōng chē
그 사람이 호텔에 와서 geu sarami hotele waseo 우리를 찾을 건가요 ? urireul chajeulgeon-gayo	佢係咪嚟酒店搵 我哋?	他 是 不 是 到 酒 店 tā shì bú shì dào jiǔ diàn 找 我 們? zhǎo wǒ men
아니에요. 우리는 비행기를 anieyo urineun bihaenggireul 타고 ... 에 갈 거예요 tago e galgeoyeyo	唔係，我哋搭飛 機去到 ...	不 是 ， 我 們 坐 bú shì wǒ men zuò 飛 機 去 ... fēi jī qù
차 한 대 하루 빌리려고 cha han dae haru billiryeogo 하는데요 haneundeyo	我哋想租架車用 一日	我 們 想 租 一 輛 車 wǒ men xiǎng zū yī liàng chē 用 一 天 yòng yī tiān

한국어	廣東話	普通話
이 지도에서 어디가 ... i jido-eseo eodiga 이에요? ieyo	地圖上面邊度 係...?	地 圖 上 面 哪 裏 是 ...? dì tú shàng miàn nǎ lǐ shì
— 미술관 misulgwan	— 美術館	— 美 術 館 měi shù guǎn
— 예술의 거리 yesurui geori	— 藝術區	— 藝 術 區 yì shù qū
— 해변 haebyeon	— 海灘	— 海 灘 hǎi tān
— 식물공원 singmulgong-won	— 植物公園	— 植 物 公 園 zhí wù gōng yuán
— 쇼핑 거리 shopping geori	— 購物區	— 購 物 區 gòu wù qū
— 명동 성당 myeongdong seongdang	— 明洞教堂	— 明 洞 教 堂 míng dòng jiào táng
— 차이나타운 china town	— 唐人街	— 唐 人 街 táng rén jiē
— 영화관 yeonghwa-gwan	— 戲院	— 戲 院 xì yuàn
— 시내 sinae	— 市中心	— 市 中 心 shì zhōng xīn
— 대학로 daehangno	— 大學路	— 大 學 路 dà xué lù
— 국회의사당 gukoe-uisadang	— 國會大樓	— 國 會 大 樓 guó huì dà lóu
— 세종문화회관 sejongmunhwahoegwan	— 世宗文化 會館	— 世 宗 文 化 會 館 shì zōng wén huà huì guǎn
— 디스코텍 discotheque	— 的士高	— 迪 斯 科 dí sī kē
— 부두 budu	— 碼頭	— 碼 頭 mǎ tóu
— 조각 공원 jogakgong-won	— 雕塑公園	— 雕 塑 公 園 diāo sù gōng yuán
— 벼룩시장 byeoruksijang	— 跳蚤市場	— 跳 蚤 市 場 tiào zǎo shì chǎng

한국어	廣東話	普通話
– 공원 gong-won	– 公園	– 公 園 gōng yuán
– 골프장 golf jang	– 哥爾夫球場	– 高 爾 夫 球 場 gāo ěr fū qiú chǎng
– 항구 hang-gu	– 海港	– 海 港 hǎi gǎng
– 호수 hosu	– 湖	– 湖 hú
– 국립도서관 gungnipdoseogwan	– 國立圖書館	– 國 立 圖 書 館 guó lì tú shū guǎn
– 시장 sijang	– 市場 / 街市	– 市 場 shì chǎng
– 기념비 / 기념관 ginyeombi ginyeomgwan	– 紀念碑 / 紀念館	– 紀 念 碑 / 紀 念 館 jì niàn bēi jì niàn guǎn
– 박물관 bangmulgwan	– 博物館	– 博 物 館 bó wù guǎn
– 국립공원 gungnipgong-won	– 國家公園	– 國 家 公 園 guó jiā gōng yuán
– 옛 성터 yet seongteo	– 古城	– 古 城 gǔ chéng
– 국회의사당 gukoeuisadang	– 國會大樓	– 國 會 大 樓 guó huì dà lóu
– 유적지 yujeokji	– 遺跡	– 遺 蹟 yí jì
– 바닷가 badatga	– 海濱	– 海 濱 hǎi bīn
– 노래방 noraebang	– 卡拉OK	– 卡 拉 OK kǎ lā
– 체육관 / 운동장 cheyukgwan undongjang	– 體育館 / 運動場	– 體 育 館 / 運 動 場 tǐ yù guǎn yùn dòng chǎng
– 수영장 suyeongjang	– 泳池	– 游 泳 池 yóu yǒng chí
– 국립극장 gungnipgeukjang	– 國立劇場	– 國 立 劇 場 guó lì jù chǎng
– 대학 daehak	– 大學	– 大 學 dà xué

한국어	廣東話	普通話
— 동물원 dongmurwon	— 動物園	— 動 物 園 dòng wù yuán
... 문 열어요 ? mun yeoreoyo	...開唔開門?	會 在 ... 開 放 嗎? huì zài kāi fàng ma
— 토요일 toyoil	— 星期六	— 星 期 六 xīng qī liù
— 일요일 iryoil	— 星期日	— 星 期 天 xīng qī tiān
— 수요일 suyoil	— 星期三	— 星 期 三 xīng qī sān
몇 시에 문 열어요 ? myeot sie mun yeoreoyo	幾點開門?	幾 點 開 門? jǐ diǎn kāi mén
몇 시에 문 닫아요 ? myeot sie mun dadayo	幾點閂門?	幾 點 關 門? jǐ diǎn guān mén
입장료가 얼마예요 ? ipjangnyoga eolmayeyo	入場費幾多錢?	入 場 費 多 少 錢? rù chǎng fèi dūo shǎo qián
아동 / 학생 할인돼요 ? adong haksaeng harindwaeyo	細路仔/學生有無優惠?	兒 童/學 生 有 沒 有 優 惠? ér tóng xué shēng yǒu méi yǒu yōu huì
한국어 / 영어 / 중국어 안내장 있어요 ? han-gugeo yeong-eo jung-gugeo annaejang isseoyo	有無韓文/英文/中文嘅單張?	有 沒 有 韓 語/英 語/中 文 的 傳 單? yǒu méi yǒu hán yǔ yīng yǔ zhōng wén de chuán dān
안내장 한 장 주시겠어요 ? annaejang han jang jusigesseoyo	可唔可以畀份單張我?	可 不 可 以 給 我 一 張 傳 單? kě bù kě yǐ gěi wǒ yī zhāng chuán dān

한국어	廣東話	普通話
어떻게 가는지 좀 말씀해 주시겠어요? eotteoke ganeunji jom malsseumhae jusigesseoyo	可唔可以話我聽點去?	可不可以告訴我怎麼去? kě bù kě yǐ gào sù wǒ zěn me qù
그림 엽서 있어요? geurim yeopseo isseoyo	有無明信片賣?	有沒有明信片出售? yǒu méi yǒu míng xìn piān chū shòu
여기서 사진 찍어도 돼요? yeogiseo sajin jjigeodo dwae-yo	我可唔可以喺呢度影相?	我可以在這裏拍照嗎? wǒ kě yǐ zài zhè lǐ pāi zhào ma
이 건물 이름이 뭐예요? i geonmul ireumi mwo-yeyo	呢間大廈叫咩名?	這幢大廈的名字是甚麼? zhè zhuàng dà shà de míng zì shì shén me
누가 ...? nuga	邊個...	是誰... shì shuí
– 이 건물을 설계했어요? i geonmureul seolgyehaesseoyo	– 設計呢棟大廈?	– 設計這幢大廈? shè jì zhè zhuàng dà shà
– 이 작품을 만들었어요? i jakpumeul mandeureosseoyo	– 設計呢件藝術品?	– 設計這藝術品? shè jì zhè yì shù pǐn
– 이 그림을 그렸어요? i geurimeul geuryeosseoyo	– 畫呢幅畫?	– 畫這幅畫? huà zhè fú huà
이 책은 누가 쓴 거예요? i chaegeun nuga sseun geoyeyo	邊個寫呢本書?	誰是這本書的作者? shuí shì zhè běn shū de zuò zhě

한국어	廣東話	普通話
이건 어느 시대 거예요? i geon eoneu sidae geoyeyo	呢件嘢係乜嘢年代?	這件東西是甚麼年代製造的? zhè jiàn dōng xi shì shén me nián dài zhì zào de
이 기념비는 언제 만든 거예요? i ginyeombineun eonje mandeun geoyeyo	呢個紀念碑幾時刻?	這個記念碑在甚麼時候刻的? zhè ge jì niàn bēi zài shén me shí hòu kè de
이건 언제 출토되었어요? i geon eonje chultodoe-eosseoyo	呢件嘢幾時出土?	這件東西何時出土? zhè jiàn dōng xi hé shí chū tǔ
저는 ... 에 관심이 많아요 jeoneun e gwansimi manayo	我對...有興趣	我對...有興趣 wǒ duì yǒu xìng qù
– 골동품 goldongpum	– 古董	– 古董 gǔ dǒng
– 고고학 gogohak	– 考古	– 考古 kǎo gǔ
– 예술 yesul	– 藝術	– 藝術 yì shù
– 식물 singmul	– 植物	– 植物 zhí wù
– 도자기 dojagi	– 陶瓷	– 陶瓷 táo cí
– 화폐 hwapye	– 錢幣	– 錢幣 qián bì
– 전통 공예 jeontong gong-ye	– 傳統工藝	– 傳統工藝 chuán tǒng gōng yì
– 요리 yori	– 烹飪	– 烹飪 pēng rèn
– 가구 gagu	– 傢俬	– 家具 jiā jù
– 지질학 jijilhak	– 地質	– 地質 dì zhì
– 음악 eumak	– 音樂	– 音樂 yīn yuè

한국어	廣東話	普通話
– 역사 yeoksa	– 歷史	– 歷 史 lì shǐ
– 그림 geurim	– 畫畫	– 畫 畫 huà huà
– 도예 doye	– 整陶瓷	– 陶 藝 táo yì
– 선사 문물 seonsa munmul	– 史前文物	– 史 前 文 物 shǐ qián wén wù
– 조각 jogak	– 雕塑	– 雕 塑 diāo sù
– 동물 dongmul	– 動物	– 動 物 dòng wù

지시 指示

한국어	廣東話	普通話
음식을 먹지 마세요 eumsigeul meokji maseyo	請勿/不准飲食	請 勿/不 准 飲 食 qǐng wù bù zhǔn yǐn shí
들어 가지 마세요 deureo gaji maseyo	請勿/不准進入	請 勿/不 准 進 入 qǐng wù bù zhǔn jìn rù
만지지 마세요 manjiji maseyo	請勿/不准觸摸	請 勿/不 准 觸 摸 qǐng wù bù zhǔn chù mō
잔디를 밟지 마세요 jandireul bapjimaseyo	請勿/不准踐踏草地	請 勿/不 准 踐 踏 qǐng wù bù zhǔn jiàn tà 草 地 cǎo dì
촬영금지 chwaryeong-geumji	請勿/不准攝影	請 勿/不 准 攝 影 qǐng wù bù zhǔn shè yǐng
금연 geumyeon	請勿/不准吸煙	請 勿/不 准 吸 煙 qǐng wù bù zhǔn xì yān
정차금지 jeongchageumji	不准停車	不 准 停 車 bù zhǔn tíng chē

18 도난 搶劫

한국어	廣東話	普通話
강도야 ! gangdoya	捉住個賊！	捉 賊！ zhuō zéi
사람 살려 ! saram sallyeo	救命！	救 命！ jiù mìng
지금 경찰에 연락 중이에요 jigeum gyeongchare yeollak jung-ieyo 진정하세요 jinjeonghaseyo	我報緊警，唔該靜啲吖！	我 現 在 通 告 警 方， wǒ xiàn zài tōng gào jǐng fāng 請 安 靜 點！ qǐng ān jìng diǎnr
호텔 경비부는 어디에 있어요 ? hotel gyeongbibuneun eodie isseoyo	酒店保安部喺邊？	酒 店 的 保 安 部 在 jiǔ diàn de bǎo ān bù zài 哪 兒？ nǎr
무슨 일이에요 ? museun irieyo	發生咩事呀？	發 生 甚 麼 事？ fā shēng shén me shì
제일 가까운 경찰서가 jeil gakkaun gyeongchalseoga 어디예요 ? eodiyeyo	最近嘅警局喺邊呀？	最 近 的 警 察 局 在 zuì jìn de jǐng chá jú zài 哪 兒？ nǎr
도와 주세요, 도움이 dowa juseyo, doumi 필요해요 ! piryohaeyo	幫幫我，我要你幫手呀！	幫 幫 我 ， 我 需 要 bāng bāng wǒ wǒ xū yào 你 的 幫 忙 呀！ nǐ de bāng máng ya
그 사람은 어디로 도망 geu sarameun eodiro domang 갔어요 ? gasseoyo	佢跑咗去邊？	他 跑 去 哪 兒 了？ tā pǎo qù nǎr le

한국어	廣東話	普通話
저기 jeogi	嗰邊	那 邊 nà biān
... 없어졌어요 eobseojyeosseoyo	我唔見咗...	我 掉 了 ... wǒ diào le
– 제 지갑 je jigab	– 我個銀包	– 我 的 錢 包 wǒ de qián bāo
– 제 신분증 je sinbunjeung	– 我張身份證	– 我 的 身 份 證 wǒ de shēn fèn zhèng
– 제 동전 지갑 je dongjeon jigab	– 我個散紙包	– 我 的 零 錢 包 wǒ de líng qián bāo
– 제 핸드백 je hand bag	– 我個手袋	– 我 的 手 提 包 wǒ de shǒu tí bāo
– 제 여권 je yeo-gwon	– 我本護照	– 我 的 護 照 wǒ de hù zhào
– 제 손목 시계 je sonmok sigye	– 我隻錶	– 我 的 手 錶 wǒ de shǒu biǎo
– 제 핸드폰 je hand phone	– 我個手提電話	– 我 的 手 機 wǒ de shǒu jī
– 제 액세서리 je accessories	– 我啲首飾	– 我 的 首 飾 wǒ de shǒu shì
– 증명 사진 jeungmyeong sajin	– 證件相	– 證 件 照 zhèng jiàn zhào
– 제 운전 면허증 je unjeon myeonheojeung	– 我個駕駛執照	– 我 的 駕 駛 執 照 wǒ de jià shǐ zhí zhào
– 여행자 수표 yeohaengja supyo	– 旅遊支票	– 旅 遊 支 票 lǚ yóu zhī piào
분실물 센타가 어디에 있어요 ? bunsilmul center ga eodie isseoyo	失物認領處喺邊?	失 物 認 領 處 在 shī wù rèn lǐng chù zài 哪 裏 ? nǎ lǐ
어디에서 분실하셨어요 ? eodieseo bunsilhasyeosseoyo	你喺邊度漏咗啲嘢?	你 在 哪 兒 落 下 你 nǐ zài nǎr là xià nǐ 的 東 西 ? de dōng xi

한국어	廣東話	普通話
... 에서 분실했어요 eseo bunsilhaesseoyo	我漏咗喺嘢喺 ...	我 落 下 了 些 東 西 wǒ là xià le xiē dōng xi 在 ... zài
잘 모르겠어요 / 전혀 jal moreugesseoyo jeonhyeo 모르겠어요 moreugesseoyo	我唔知呀 / 我乜都 唔知！	我 不 知 道 / 我 甚 麼 wǒ bù zhī dào wǒ shén me 都 不 知 道！ dōu bù zhī dào
기억이 안 나요, 전혀 gi-eogi an nayo, jeonhyeo 기억이 안 나요 gi-eogi an nayo	我唔記得喇，我 真係記唔起	我 記 不 起 了 ， 我 真 wǒ jì bù qǐ le wǒ zhēn 的 記 不 起 了 de jì bù qǐ le
그 물건을 어떻게 찾을 수 geu mulgeoneul eotteoke chajeul su 있을까요？ isseulkkayo	我點樣可以搵番 啲嘢？	我 怎 樣 才 可 以 找 wǒ zěn yàng cái kě yǐ zhǎo 回 失 去 的 東 西？ huí shī qù de dōng xi
그 사람이 내 것을 훔쳐 geu sarami nae geoseul humchyeo 갔어요 gasseoyo	佢偷咗我啲嘢	他 偷 了 我 的 東 西 tā tōu le wǒ de dōng xi
강도 당했어요 gangdo danghaesseoyo	我畀人打劫	我 被 人 搶 劫 了 wǒ bèi rén qiǎng jié le
그 사람이 어떻게 생겼어요？ geu sarami eotteoke saenggyeosseoyo	佢咩樣架？	他 是 甚 麼 樣 子 的？ tā shì shén me yàng zi de
이 남자예요？ i namjayeyo	係咪呢個男人？	是 不 是 這 個 男 人？ shi bù shì zhè gè nán rén
네, 이 사람이에요！ ne, isaramieyo	係，係佢呀！	對 ， 就 是 他！ duì jiù shì tā

한국어	廣東話	普通話
이거 당신 거예요 ? igeo dangsin geoyeyo	呢個係咪你嘅?	這 個 是 不 是 你 的 ? zhè ge shì bú shì nǐ de
네, 제 거예요 ! ne, je geoyeyo	係，呢個係我嘅	是 ， 這 個 是 我 的 shì zhè gè shì wǒ de
경찰에 신고하려고 해요 gyeongchare sin-goharyeogo haeyo	我想報案	我 想 報 案 wǒ xiǎng bào àn
진정하세요 ! jinjeonghaseyo	你冷靜啲啦!	你 冷 靜 點 吧 ! nǐ lěng jìng diǎnr bā
여기에 계세요 ! yeogie gyeseyo	留喺呢度!	留 在 這 兒 ! liú zài zhèr
먼저 이 서식을 작성하세요 meonjeo i seosigeul jakseonghaseyo	填咗呢張表	先 填 這 張 表 格 xiān tián zhè zhāng biǎo gé
지금 무슨 일이 났어요 ? jigeum museun iri nasseoyo	宜家發生緊啲咩事?	現 在 發 生 甚 麼 事 ? xiàn zài fā shēng shén me shì
무슨 할 말 있어요 ? museun hal mal isseoyo	你想講咩呀?	你 想 說 甚 麼 ? nǐ xiǎng shuō shén me
모르겠어요 ! moreugesseoyo	我唔知呀!	我 不 知 道 ! wǒ bù zhī dào
이 남자 말이 ... i namja mari	呢個男人話...	這 個 男 人 說 ... zhè gè nán rén shuō
이 남자가 내 물건을 i namjaga nae mulgeoneul 훔치려고 했어요 humchiryeogo haesseoyo	呢個男人想偷我嘢	這 個 男 人 想 偷 我 zhè gè nán rén xiǎng tōu wǒ 的 東 西 de dōng xi

한국어	廣東話	普通話
저 여자가 도둑을 잡으려고 해요 ! jeo yeojaga dodugeul jabeuryeogo haeyo	個女人想捉賊!	那女人想捉賊! nà nǚ rén xiǎng zhuō zéi
그 사람이 여기서 당신의 물건을 훔친 사람이에요 geu sarami yeogiseo dangsinui mulgeoneul humchin saramieyo	佢就喺呢度偷你嘢	他就在這兒偷你的東西 tā jiù zài zhèr tōu nǐ de dōng xi
대단히 감사합니다 daedanhi gamsahamnida	十萬個多謝/唔該!	萬分感謝! wàn fēn gǎn xiè
전화를 걸 수 있는 권리가 있습니다 jeonhwareul geol su itneun gwolliga itsseumnida	你有權打個電話	你有權打電話 nǐ yǒu quán dǎ diàn huà
묵비권을 행사할 권리가 있습니다. 그러나 당신이 말하는 것은 모두 증거로 쓰일 수 있습니다 mukbigwoneul haengsahal gwolliga itsseumnida geureona dangsini malhaneun geoseun modu jeunggeoro sseuil su itsseumnida	你有權保持緘默，但你所講嘅嘢將會成為呈堂證供	你有權保持沉默，但你所說的將會成為呈堂證供 nǐ yǒu quán bǎo chí chén mò dàn nǐ suǒ shuō de jiāng huì chéng wéi chéng táng zhèng gòng
이것은 오해입니다 igeoseun ohaeimnida	呢個係一個誤會	這是一個誤會 zhè shì yī gè wù huì
내가 지금 여기에 있을 필요가 없습니다 naega jigeum yeogie isseul piryoga eopseumnida	我宜家喺度無乜用啦	我留在這裏也沒有甚麼用處 wǒ liú zài zhè lǐ yě méi yǒu shén me yòng chù

한국어	廣東話	普通話
선임한 변호사 있어요？ seonimhan byeonhosa isseoyo	你有無代表律師？	你 有 沒 有 代 表 律 師？ nǐ yǒu méi yǒu dài biǎo lǜ shī
성, 이름 seong ireum	姓，名	姓 ， 名 xìng míng

地鐵失物申報中心

地鐵綫	站名		電話號碼
1, 2號綫	시청	市廳	02-753-2408~9
3, 4號綫	충무로	忠武路	02-2271-1170~1
5, 8號綫	왕십리	往十里	02-2298-6766~7
6, 7號綫	태릉입구	泰陵	02-949-6767 / 02-972-6766

19 학교 생활 番學 / 上學

한국어	廣東話	普通話
수업 있어요 sueop isseoyo	我有堂上	我 要 上 課 wǒ yào shàng kè
몇 시에 수업 있어요？ myeot sie sueop isseoyo	你幾點鐘上堂？	你 甚 麼 時 候 上 課？ nǐ shén me shí hòu shàng kè
몇 시에 수업 끝나요？ myeot sie sueop kkeutnayo	你幾點鐘落堂？	你 甚 麼 時 候 下 課？ nǐ shén me shí hòu xià kè
오늘 무슨 수업 있어요？ oneul museun sueop isseoyo	你今日有乜堂上？	你 今 天 有 甚 麼 課？ nǐ jīn tiān yǒu shén me kè
내일 수업 없어요 nae-il sueop eopseoyo	聽日我無堂上	明 天 我 沒 有 課 míng tiān wǒ méi yǒu kè
... 수업 있어요 sueop isseoyo	我有...堂	我 有 ... 課 wǒ yǒu kè
– 한국어 han-gugeo	– 韓文	– 韓 國 語 hán guó yǔ
– 중국어 jung-gugeo	– 中文	– 中 文 zhōng wén
– 번역, 통역 beonyeok tongyeok	– 翻譯及傳譯	– 翻 譯 及 傳 譯 fān yì jí chuán yì
– 일어 ireo	– 日文	– 日 語 rì yǔ
– 경제학 gyeongjehak	– 經濟學	– 經 濟 學 jīng jì xué
– 물리학 mullihak	– 物理學	– 物 理 學 wù lǐ xué
– 사회학 sahoehak	– 社會學	– 社 會 學 shè huì xué
– 정보 과학 기술 jeongbo gwahak gisul	– 資訊與科技	– 資 訊 與 科 技 zī xùn yǔ kē jì

한국어	廣東話	普通話
– 컴퓨터 computer	– 電腦	– 電 腦 diàn nǎo
– 경영학 gyeong-yeonghak	– 管理學	– 管 理 學 guǎn lǐ xué
– 생명 공학 saengmyeong gonghak	– 基因工程	– 基 因 工 程 jī yīn gōng chéng
– 마켓팅 marketing	– 市場學	– 市 場 學 shì chǎng xué
– 수학 suhak	– 數學	– 數 學 shù xué
– 생활과학 saenghwal gwahak	– 生活科學	– 生 活 科 學 shēng huó kē xué
어디에서 수업 들어요? eodieseo sueop deureoyo	你去邊度上堂?	你 去 哪 裏 上 課? nǐ qù nǎ lǐ shàng kè

대학 도서관 大學圖書館

CH19_02

한국어	廣東話	普通話
우리 도서관에 가자! uri doseogwane gaja	我哋去圖書館囉!	我 們 去 圖 書 館 吧! wǒ mén qù tú shū guǎn ba
책을 빌리려고 해요 chaegeul billiryeogo haeyo	我想借本書	我 想 借 一 本 書 wǒ xiǎng jiè yī běn shū
언제 반납해야 해요? eonje bannapaeya haeyo	我要幾時還?	我 要 甚 麼 時 候 還 書? wǒ yào shén me shí hóu huán shū
한국어 책을 찾고 있어요 han-gugeo chaegeul chatgo isseoyo	我想搵韓文書	我 想 找 韓 文 書 wǒ xiǎng zhǎo hán wén shū
여기에서 찾아 보세요 yeogieseo chaja boseyo	你可以喺呢度睇	你 可 以 在 這 兒 看 看 nǐ kě yǐ zài zhèr kàn kan

한국어	廣東話	普通話
시험 測驗		CH19_03
숙제하고 시험 sukjehago siheom	功課同埋考試	功 課 和 考 試 gōng kè hé kǎo shì
다음 주에 숙제 제출하세요 da-eum jue sukje jechul haseyo	下星期交功課	下 個 星 期 交 功 課 xià ge xīng qī jiāo gōng kè
숙제 sukje	功課	功 課 gōng kè
시험일자는 아직 안 정했어요 siheom iljaneun ajik an jeonghaesseoyo	考試日期仲未定	考 試 日 期 還 沒 有 kǎo shì rì qī hái méi yǒu 決 定 jué dìng
시험은 다음 주 토요일에 siheomeun da-eumju toyoire 볼 거예요 bol geoyeyo	考試定咗喺下 星期六	考 試 已 定 在 下 kǎo shì yǐ dìng zài xià 星 期 六 舉 行 xīng qī liù jǔ xíng
6호 교실 yuko gyosil	六號課室	六 號 教 室 liù hào jiào shì
우리 같이 공부하자! uri gachi gongbuhaja	我哋一齊溫書囉!	我 們 一 起 複 習 吧! wǒ men yī qí fù xí ba
식당에서 식사 喺飯堂食飯 / 在飯堂吃飯		CH19_04
어디서 점심을 먹을까? eodiseo jeomsimeul meogeulgga 학교 식당 어때? hakgyo sikdang eottae	去邊度食晏?飯堂 好唔好?	到 哪 兒 去 吃 午 餐? dào nár qù chī wǔ cān 在 食 堂 好 不 好? zài shí táng hǎo bù hǎo
뭐 먹고 싶어? mwo meokgosipeo	你想食乜嘢?	你 想 吃 甚 麼? nǐ xiǎng chī shén me

한국어	廣東話	普通話
니 맘대로 해 난 아무거나 ni mamdaerohae nan amugeona 괜찮아 gwaenchana	你話啦，我無所謂	隨 你 吧 ， 我 無 所 謂 suí nǐ ba wǒ wú suǒ wèi
우리집에서 밥 해 먹자 urijibeseo bap hae meokja	喺我屋企煮飯囉！	在 我 家 做 飯 吧 ！ zài wǒ jiā zuò fàn ba
먼저 시키고 나중에 돈을 meonjeo sikigo najung-e doneul 내면 돼 naemyeon dwae	叫咗嘢食先至 畀錢	先 點 菜 後 付 款 xiān diǎn cài hòu fù kuǎn
아주 맛있어 aju masisseo	好好味呀！	味 道 很 好 呀！ wèi dào hěn hǎo ya
수업 시간 上堂 / 上課		CH19_05
죄송합니다. 한번 더 joesonghamnida hanbeon deo 말씀해 주세요 malsseumhae juseyo	唔好意思，可唔可 以講多一次？	對 不 起 ， 可 不 可 以 duì bù qǐ kě bù kě yǐ 再 說 一 遍？ zài shuō yī biàn
저는 유인물이 없어요 jeoneun yuinmuri eopseoyo	我無筆記	我 沒 有 筆 記 wǒ méi yǒu bǐ jì
밖에 좀 나가도 돼요？ bakke jom nagado dwaeyo	我可唔可以出一 出去？	我 可 不 可 以 出 去 wǒ kě bù kě yǐ chū qù 一 會 兒？ yī huìr
좀 일찍 가도 돼요？ jom iljjik gado dwaeyo	我可唔可以早啲 走？	我 可 不 可 以 早 點 走？ wǒ kě bù kě yǐ zǎo dianr zǒu

한국어	廣東話	普通話
모르겠어요 moreugesseoyo	我唔知喎	我 不 知 道 wǒ bù zhī dào
그 사전 좀 주시겠어요? geu sajeon jom jusigesseoyo	可唔可以畀本字典我?	可 不 可 以 給 我 那 kě bù kě yǐ géi wǒ nà 本 字 典? běn zì diǎn
... 한국어로 / 중국어로 han-gugeoro jung-gugeoro 어떻게 말해요? eotteoke malhaeyo	韓文/中文點講 "..."?	怎 樣 用 韓 語/中 文 zěn yàng yòng hán yǔ zhōng wén 說 "..."? shōu
숙제 내일 내도 돼요? sukje nae-il naedo dwae-yo	我可唔可以聽日還番份功課畀你?	我 可 不 可 以 明 天 wǒ kě bù kě yǐ míng tiān 才 還 你 那 份 功 課? cái huán nǐ nà fèn gōng kè
락카에 넣어 두겠습니다 locker-e neo-eo dugetsseumnida	我擺喺你 locker	我 放 在 你 的 儲 物 箱 wǒ fàng zài nǐ de chǔ wù xiāng
사무실로 가서 드려도 돼요? samusillo gaseo deuryeodo dwaeyo	我可唔可以去你辦公室交畀你?	我 可 不 可 以 到 你 wǒ kě bù kě yǐ dào nǐ 的 辦 公 室 交 給 你? de bàn gōng shì jiāo géi nǐ
이메일로 화일을 e-mail ro hwaireul 보내겠습니다 bonaegetsseumnida	我電郵個 file 畀你	我 用 電 郵 發 那 個 wǒ yòng diàn yóu fā nà ge 檔 案 給 你 dǎng àn gěi nǐ
사무실 辦公室		CH19_06
사무실이 어디에 있어요? samusiri eodie isseoyo	你辦公室喺邊?	你 的 辦 公 室 在 哪 兒? nǐ de bàn gōng shì zài nǎr

한국어	廣東話	普通話
오늘 오후 사무실에 계실 거예요 ? oneul ohu samusire gyesil geoyeyo	你今日下晝會唔會喺辦公室 ?	你今天下午會不會在辦公室 ? nǐ jīn tiān xià wǔ huì bù huì zài bàn gōng shì
조금 늦게 도착해도 돼요 ? jogeum neutge dochakaedo dwaeyo	我可唔可以遲啲到 ?	我可不可以晚一點兒才到 ? wǒ kě bù kě yǐ wǎn yī diǎnr cái dào
비디오 테이프 좀 빌릴 수 있어요 ? video tape jom billil su isseoyo	可唔可以借錄影帶畀我 ?	可不可以借錄影帶給我 ? kě bù kě yǐ jiè lù yǐng dài gěi wǒ
발음 연습용 테이프 있어요 ? bareum yeonseupyong tape isseoyo	你有無練發音嘅錄音帶 ?	你有沒有練習發音的錄音帶 ? nǐ yǒu méi yǒu liàn xí fā yīn de lù yīn dài
사무실 전화번호가 몇 번이에요 ? samusil jeonhwabeonhoga myeot beonieyo	你辦公室幾多號電話 ?	你辦公室的電話號碼是多少 ? nǐ bàn gōng shì de diàn huà hào mǎ shì duō shǎo
제가 문제가 있는데 이야기 좀 할 수 있어요 ? jega munjega itneunde iyagi jom hal su isseoyo	我有個問題，可唔可以同你傾下 ?	我有個問題，可以跟你談談嗎 ? wǒ yǒu ge wèn tí kě yǐ gēn nǐ tán tan ma

韓國大學

건국대학교　建國大學 (Konkuk University)
網址 : www.konkuk.ac.kr

고려대학교　高麗大學 (Korea University)
網址 : www.korea.ac.kr

국민대학교　國民大學 (Kookmin University)
網址 : www.kookmin.ac.kr

동국대학교　東國大學 (Dongguk University)
網址 : www.dongguk.edu

서강대학교　西江大學 (Sogang Unversity)
網址 : www.sogang.ac.kr

서울대학교　首爾大學 (Seoul National University)
網址 : www.snu.ac.kr

세종대학교　世宗大學 (Sejong University)
網址 : www.sejong.ac.kr

이화여자대학교　梨花女子大學 (Ewha Women University)
網址 : www.ewha.ac.kr

연세대학교　廷世大學 (Yonsei University)
網址 : www.yonsei.ac.kr

포항공대　浦項工大學 (Pohang Unversity of Science and Technology)
網址 : www.postech.ac.kr

한국외국어대학교　韓國外國語大學 (Hankuk Unversity of Foreign Studies)
網址 : www.hufs.ac.kr

한양대학교　漢陽大學 (Hanyang University)
網址 : www.hanyang.ac.kr

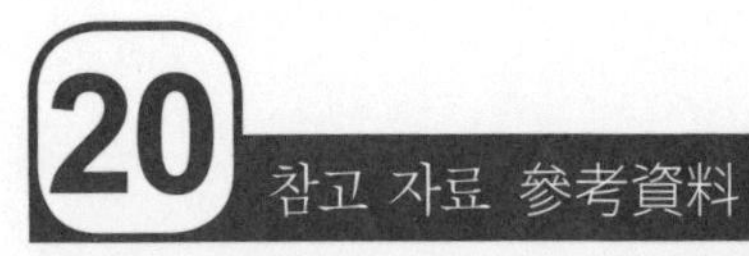

20 참고 자료 參考資料

한국어	廣東話	普通話
숫자 數字		CH20_01
영 / 공 yeong / gong	零 / 0	零 líng
일 il	一 / 1	一 yī
이 i	二 / 2	二 èr
삼 sam	三 / 3	三 sān
사 sa	四 / 4	四 sì
오 o	五 / 5	五 wǔ
육 yuk	六 / 6	六 lìu
칠 chil	七 / 7	七 qī
팔 pal	八 / 8	八 bā
구 gu	九 / 9	九 jǐu
십 sip	十 / 拾 / 10	十 / 拾 shí
십일 sibil	十一 / 11	十 一 shí yī
십이 sibi	十二 / 12	十 二 shí èr

한국어	廣東話	普通話
십삼 sipsam	十三 / 13	十 三 shí sān
십사 sipsa	十四 / 14	十 四 shí sì
십오 sibo	十五 / 15	十 五 shí wǔ
십육 simyuk	十六 / 16	十 六 shí lìu
십칠 sipchil	十七 / 17	十 七 shí qī
십팔 sippal	十八 / 18	十 八 shí bā
십구 sipgu	十九 / 19	十 九 shí jǐu
이십 isip	二十 / 20	二 十 èr shí
이십일 isibil	二十一 / 21	二 十 一 èr shí yī
이십이 isibi	二十二 / 22	二 十 二 èr shí èr
이십삼 isipsam	二十三 / 23	二 十 三 èr shí sān
삼십 samsip	三十 / 30	三 十 sān shí
사십 sasip	四十 / 40	四 十 sì shí
오십 osip	五十 / 50	五 十 wǔ shí

한국어	廣東話	普通話
육십 yuksip	六十 / 60	六 十 lìu shí
칠십 chilsip	七十 / 70	七 十 qī shí
팔십 palsip	八十 / 80	八 十 bā shí
구십 gusip	九十 / 90	九 十 jǐu shí
백 baek	一百 / 100	一 百 yī bǎi
이백 ibaek	二百 / 200	二 百 èr bǎi
삼백 sambaek	三百 / 300	三 百 sān bǎi
천 cheon	一千 / 1,000	一 千 yī qiān
이천 icheon	二千 / 2,000	二 千 èr qiān
십만 simman	十萬 / 100,000	十 萬 shí wàn
백만 baengman	一百萬 / 1,000,000	一 百 萬 yī bǎi wàn
십억 sibeok	十億 / 1,000,000,000	十 億 shí yì
첫째 cheotjjae	第一	第 一 dì yī
둘째 duljjae	第二	第 二 dì èr

한국어	廣東話	普通話
셋째 setjjae	第三	第 三 dì sān
넷째 netjjae	第四	第 四 dì sì
다섯째 daseotjjae	第五	第 五 dì wǔ
여섯째 yeoseotjjae	第六	第 六 dì lìu
일곱째 ilgopjjae	第七	第 七 dì qī
여덟째 yeodeoljjae	第八	第 八 dì bā
아홉째 ahopjjae	第九	第 九 dì jǐu
열째 yeoljjae	第十	第 十 dì shí
열한째 yeolhanjjae	第十一	第 十 一 dì shí yī
열둘째 yeolduljjae	第十二	第 十 二 dì shí èr

요일 星期

CH20_02

한국어	廣東話	普通話
월요일 woryoil	星期一	星 期 一 xīng qī yī
화요일 hwayoil	星期二	星 期 二 xīng qī èr
수요일 suyoil	星期三	星 期 三 xīng qī sān

한국어	廣東話	普通話
목요일 mogyoil	星期四	星 期 四 xīng qī sì
금요일 geumyoil	星期五	星 期 五 xīng qī wǔ
토요일 toyoil	星期六	星 期 六 xīng qī liù
일요일 iryoil	星期日	星 期 日 xīng qī rì
월 月份		CH20_03
일월 irwol	一月	一 月 yī yuè
이월 iwol	二月	二 月 èr yuè
삼월 samwol	三月	三 月 sān yuè
사월 sawol	四月	四 月 sì yuè
오월 owol	五月	五 月 wǔ yuè
유월 yuwol	六月	六 月 liù yuè
칠월 chirwol	七月	七 月 qī yuè
팔월 parwol	八月	八 月 bā yuè
구월 guwol	九月	九 月 jiǔ yuè
시월 siwol	十月	十 月 shí yuè

한국어	廣東話	普通話
십일월 sibirwol	十一月	十 一 月 shí yī yuè
십이월 sibiwol	十二月	十 二 月 shí èr yuè
시간 時間		CH20_04
지금 몇 시예요 ? jigeum myeot siyeyo	宜家幾多點呀?	現 在 幾 點 ? xiàn zài jǐ diǎn
– 지금 일곱시예요. jigeum ilgopsiyeyo	– 宜家七點	– 現 在 是 七 點 xiàn zài shì qī diǎn
– 지금 여덟시예요. jigeum yeodeolsiyeyo	– 宜家八點	– 現 在 是 八 點 xiàn zài shì bā diǎn
– 지금 세시예요. jigeum sesiyeyo	– 宜家三點	– 現 在 是 三 點 xiàn zài shì sān diǎn
– 지금 열시예요. jigeum yeolsiyeyo	– 宜家十點	– 現 在 是 十 點 xiàn zài shì shí diǎn
– 지금 일곱시 십분이에요. jigeum ilgopsi sipbunieyo	– 宜家七點二	– 現 在 是 七 點 xiàn zài shì qī diǎn 十 分 shí fēn
– 지금 일곱시 십 jigeum ilgopsi sip 오분이에요. obunieyo	– 宜家七點三	– 現 在 是 七 點 十 xiàn zài shì qī diǎn shí 五 分 wǔ fēn
– 지금 일곱시 반이에요. jigeum ilgopsi banieyo	– 宜家七點半	– 現 在 是 七 點 三 xiàn zài shì qī diǎn sān 十 分 shí fēn
– 지금 두시 사십 jigeum dusi sasip 오분이에요. obunieyo	– 宜家兩點九	– 現 在 是 兩 點 四 xiàn zài shì liǎng diǎn sì 十 五 分 shí wǔ fēn
– 지금 다섯시 오십 jigeum daseotsi osip 오분이에요. obunieyo	– 宜家五點搭 十一/五點五 十五分	– 現 在 是 五 點 五 xiàn zài shì wǔ diǎn wǔ 十 五 分 shí wǔ fēn

한국어	廣東話	普通話
우리는 몇 시에 떠나요? urineun myeot sie tteonayo	我哋幾多點走啊?	我 們 甚 麼 時 候 離 開? wǒ men shén me shí hòu lí kāi
그 기차는 몇 시에 도착해요? geu gichaneun myeot sie dochakaeyo	架火車幾點到啊?	火 車 甚 麼 時 候 到 達? huǒ chē shén me shí hòu dào dá
– 아침 아홉시 achim ahopsi	– 朝早九點	– 早 上 九 點 zǎo shàng jiu diǎn
– 한시 hansi	– 一點	– 一 點 鐘 yī diǎn zhōng
– 여섯시 yeoseotsi	– 六點	– 六 點 lìu diǎn
– 십 분 이내 sip bun inae	– 十分鐘內	– 十 分 鐘 內 shí fēn zhōng nèi
– 반 시간 이내 ban sigan inae	– 半個鐘頭內	– 三 十 分 鐘 內 sān shí fēn zhōng nèi
– 한 시간 이내 han sigan inae	– 一個鐘頭內	– 一 小 時 內 yī xiǎo shí nèi
초 cho	秒	秒 miǎo
분 bun	分	分 fēn
시 si	時	時 shí
일 il	日	日 rì
요일 yoil	星期	星 期 xīng qī
월 wol	月	月 yuè
년 nyeon	年	年 nián

한국어	廣東話	普通話
아침 achim	朝頭早	早 上 zǎo shàng
매일 아침 mae-il achim	每朝	每 天 早 上 měi tian zǎo shàng
오후 ohu	下晝	下 午 xià wǔ
저녁 jeo-nyeok	夜晚	晚 上 wǎn shàng
오늘 저녁 oneul jeo-nyeok	今晚	今 天 晚 上 jīn tiān wǎn shàng
매일 저녁 mae-il jeonyeok	每晚	每 天 晚 上 měi tiān wǎn shàng
정오 jeong-o	正午	正 午 zhèng wǔ
정오에 jeong-o-e	喺正午	在 正 午 zài zhèng wǔ
한밤중에 hanbamjung-e	喺午夜	在 午 夜 zài wǔ yè
지금 jigeum	宜家	現 在 xiàn zài
오늘 oneul	今日	今 天 jīn tiān
내일 nae-il	聽日	明 天 míng tiān
– 내일 아침 nae-il achim	– 聽朝	– 明 天 早 上 míng tiān zǎo shàng
– 내일 오후 nae-il ohu	– 聽日下晝	– 明 天 下 午 míng tiān xià wǔ
– 내일 저녁 nae-il jeo-nyeok	– 聽晚	– 明 天 晚 上 míng tiān wǎn shàng

한국어	廣東話	普通話
어제 eoje	尋日	昨 天 zuó tiān
– 어제 아침 eoje achim	– 尋日朝早	– 昨 天 早 上 zuó tiān zǎo shàng
– 어제 오후 eoje ohu	– 尋日下晝	– 昨 天 下 午 zuó tiān xià wǔ
– 어제 저녁 eoje jeo-nyeok	– 尋晚	– 昨 天 晚 上 zuó tiān wǎn shàng
모레 more	後日	後 天 hòu tiān
그저께 geujeokke	前日	前 天 qián tiān
다음 주 da-eum ju	下個禮拜	下 個 星 期 xià ge xīng qī
지난 달 jinan dal	上個月	上 個 月 shàng ge yuè
일년 illyeon	一年	一 年 yī nián
작년 jangnyeon	上年	去 年 qù nián
내년 naenyeon	下年	明 年 míng nián
새해 복 많이 받으세요. saehae bok mani badeuseyo	新年快樂	新 年 快 樂 xīn nián kuài lè
천구백구십팔년 cheon-gubaekgusippallyeon	一九九八年	一 九 九 八 年 yī jiǔ jiǔ bā nián
이천팔년 icheonpallyeon	二零零八年	二 零 零 八 年 èr líng líng bā nián

한국어	廣東話	普通話
천칠백팔십구년 칠월 십사일 cheonchilbaekpalsipgu nyeon chirwol sipsail	一七八九年七月 十四號	一 七 八 九 年 七 月 yī qī bā jiǔ nián qī yuè 十 四 號 shí sì hào
생일 saeng-il	生日	生 日 shēng rì
휴일 hyuil	假期	假 期 jià qī
공휴일 gonghyuil	公眾假期	公 眾 假 期 gōng zhòng jià qī
계절, 날씨 季節和天氣		CH20_05
우기 ugi	雨季	雨 季 yǔ jì
겨울 gyeoul	冬天	冬 天 dōng tiān
봄 bom	春天	春 天 chūn tiān
여름 yeoreum	夏天	夏 天 xià tiān
가을 ga-eul	秋天	秋 天 qīu tiān
건기 geon-gi	旱季	旱 季 hàn jì
계절풍 gyejeolpung	季候風	季 風 jì fēng
더워요 deowoyo	天氣好熱	天 氣 很 熱 tiān qì hěn rè
추워요 chuwoyo	天氣好凍	天 氣 很 冷 tiān qì hěn lěng

한국어	廣東話	普通話
시원해요 siwonhaeyo	好涼爽	很 涼 爽 hěn liáng shuǎng
침수 chimsu	水浸	水 浸 shuǐ jìn
비가 와요 biga wayo	落雨	下 雨 xià yǔ
날씨가 아주 좋아요 nalssiga aju joayo	天氣好好 / 好好太陽	天 氣 很 好 tiān qì hěn hǎo
비가 많이 와요 biga mani wayo	落好大雨	下 大 雨 xià dà yǔ
많이 늦었어요 mani neujeosseoyo	好夜喇	很 晚 了 hěn wǎn le
어두워졌어요 eoduwojyeosseoyo	天都黑喇	天 黑 了 tiān hēi le
날이 밝았어요 nari balgasseoyo	已經天光	已 經 天 亮 yǐ jīng tiān liàng
태풍이 불어요 taepung-i bureoyo	有颱風 / 打風	刮 颱 風 guā tái fēng